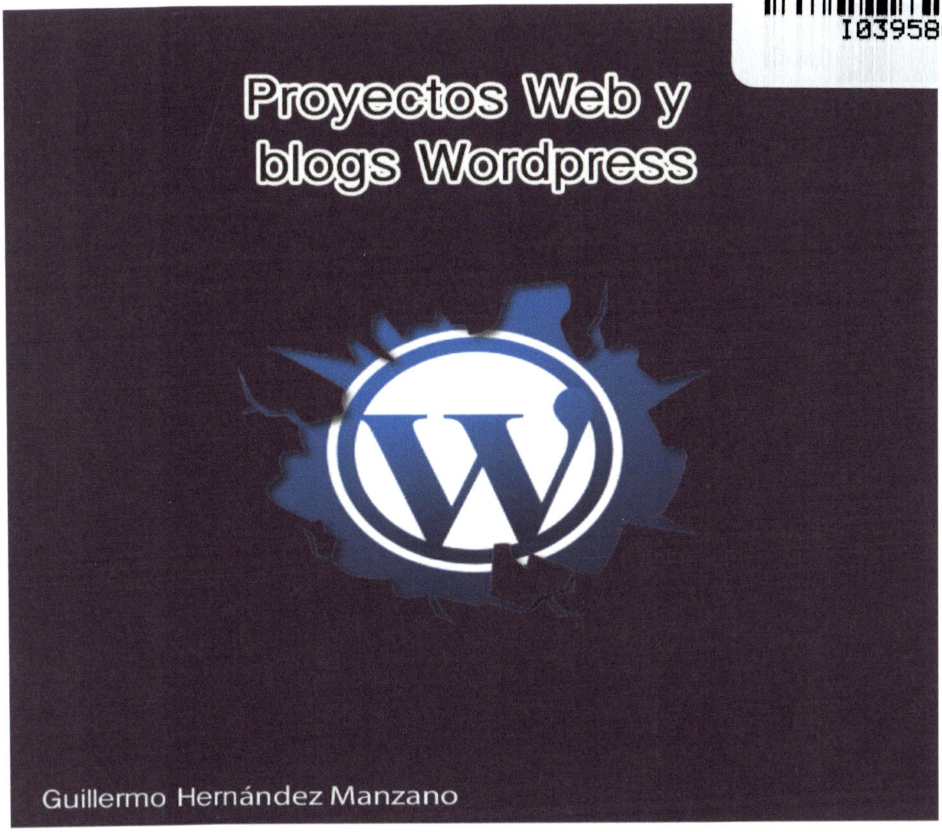

Proyectos Web y blogs Wordpress

Guillermo Hernández Manzano

olimpiadas iphone
eleccionesUSA sinde sgae
oscars google alquiler
twitter
spotify obama eurovision
israel goya terremoto
eta blogs tibet wordpress
humor crisis
microsoft
yahoo sexo gadgets
castro moviles

Proyectos Web y blogs Wordpress

Agradecimientos.

A todos aquellos que confiaron en mi.

Proyectos Web y blogs Wordpress

Introducción

Wordpress es uno de los principales CMS que permiten crear una página Web y administrar un blog de una forma fácil y eficaz.

Con este libro, el lector aprenderá a construir su página web o blog en muy pocas horas. El libro pretende demostrar todas las utilidades de la aplicación animando al lector a que practique.

Además los contenidos enlazan con vídeos de YouTube que permiten una más fácil comprensión.

Proyectos Web y blogs Wordpress

CONTENIDO DEL CURSO

DIFERENCIAS ENTRE WORDPRESS.ORG WORDPRESS.COM **5**
  Alojamiento Web...6
  Accediendo al servidor 11
  Instalando Wordpress 12
  Cambiar de idioma a WordPress. De Inglés a Español. 15

DISEÑANDO EL SITIO WEB **22**
  Plantillas para páginas Web 22
  Buscando plantillas. 23
  Personalización del Sitio 26

CREACION DE PÁGINAS **29**
  Crear una página. 30
  Diseño de una página de portada 33
  Subir e insertar una imagen en Wordpress 35
  Colocar una página como Portada Estática 39

LOS MENUS **41**
  Número de orden entre páginas..42
  Creación de un menú personalizado 43
  Añadir enlaces externos al menú 46
  Creación de Submenús. Menús desplegables 47

LOS PLUGINS..**50**
  Buscar e Instalar un plugin..50
  Configurar el plugin del Slider 54
  Agregar las imágenes del Slider 56

CREAR UN FORMULARIO DE CONTACTO **59**
  Agregar un nuevo campo al formulario 61
  Agregar al formulario campos de adjuntar archivos 66
  Incorporar un código CAPTCHA al formulario 68
  Incorporar formulario a páginas...69

Proyectos Web y blogs Wordpress

En el presente curso aprenderemos sin necesidad de escribir código alguno ni necesitar conocimientos previos a diseñar páginas web y blog con Wordpress.

DIFERENCIAS entre Wordpress.org Wordpress.com

La primera duda que nos asalta es la diferencia entre las dos web de Wordpress.

Mientras que en wordpress.com podremos crear nuestro blog o web en muy pocos minutos además de quedar alojada en Wordpress.com, en Wordpress.org debemos descargar y subir a un servidor propio.

En este curso nos vamos a centrar en Wordpress.org ya que disponemos de más posibilidades.

Proyectos Web y blogs Wordpress

MEDIOS – LIBRERÍA MULTIMEDIA 72
   MODIFICAR IMÁGENES 73
   ESCALAR Y RECORTAR IMÁGENES 75
   CREACIÓN DE UNA GALERÍA DE IMÁGENES 76

ADMINISTRACIÓN DE BLOG 83
   LAS ENTRADAS 83
   CATEGORÍAS DE ENTRADAS 84
   LAS ETIQUETAS EN LAS ENTRADAS 86
   OPCIÓN ETIQUETAS 88
   LOS COMENTARIOS 89
   LOS WIDGETS 91
   PLUGIN DE REDES SOCIALES 93
   AGREGAR VÍDEOS Y AUDIO DE YOUTUBE 95
   INSERCIÓN DE VÍDEO/AUDIO EN UNA PÁGINA O ENTRADA DE BLOG 97

Proyectos Web y blogs Wordpress
Alojamiento Web

Una de las primeras cosas que debemos de disponer es de un alojamiento web.

Si nuestra web va a ser de tipo profesional, deberás de contratar un dominio y un alojamiento que podrás realizar al mismo tiempo.

En el curso vamos a utilizar un hosting gratuito y sin publicidad para aprender a manejar Wordpress.

Para ello vamos a adquirir un sitio web gratuito en www.hostinger.es

En la parte superior disponemos de la opción de crear cuenta.

Proyectos Web y blogs Wordpress

Imagen 1

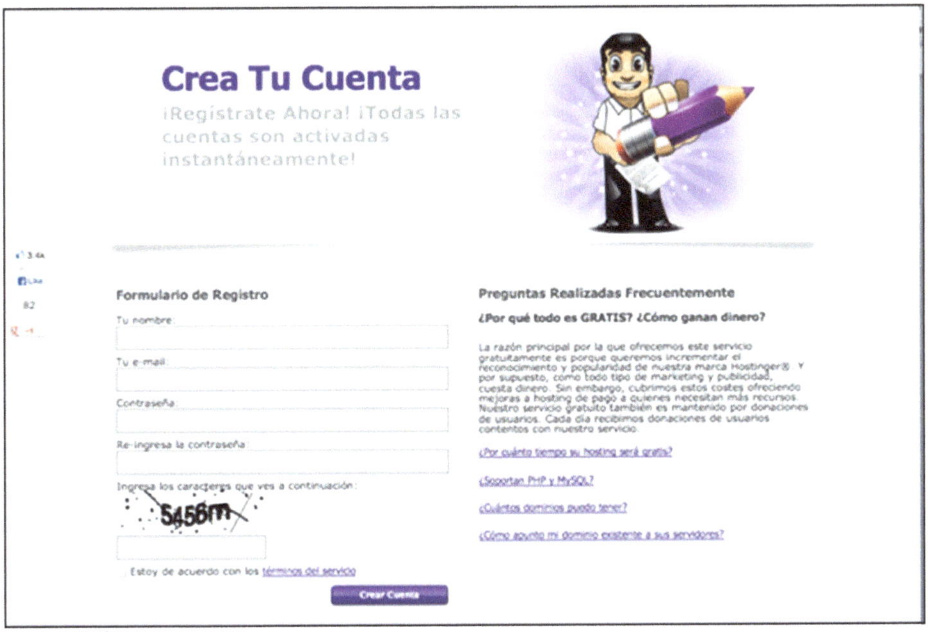

Proyectos Web y blogs Wordpress

Imagen 2

    Completa el formulario que aparece a continuación. Una vez que pulses sobre el icono de **Crear Cuenta**, revisa tu correo electrónico, recibirás dos Email.

    Uno de los dos Email te indica que hagas clic sobre el enlace de confirmación.

Proyectos Web y blogs Wordpress

Este enlace te llevará a la siguiente pantalla.

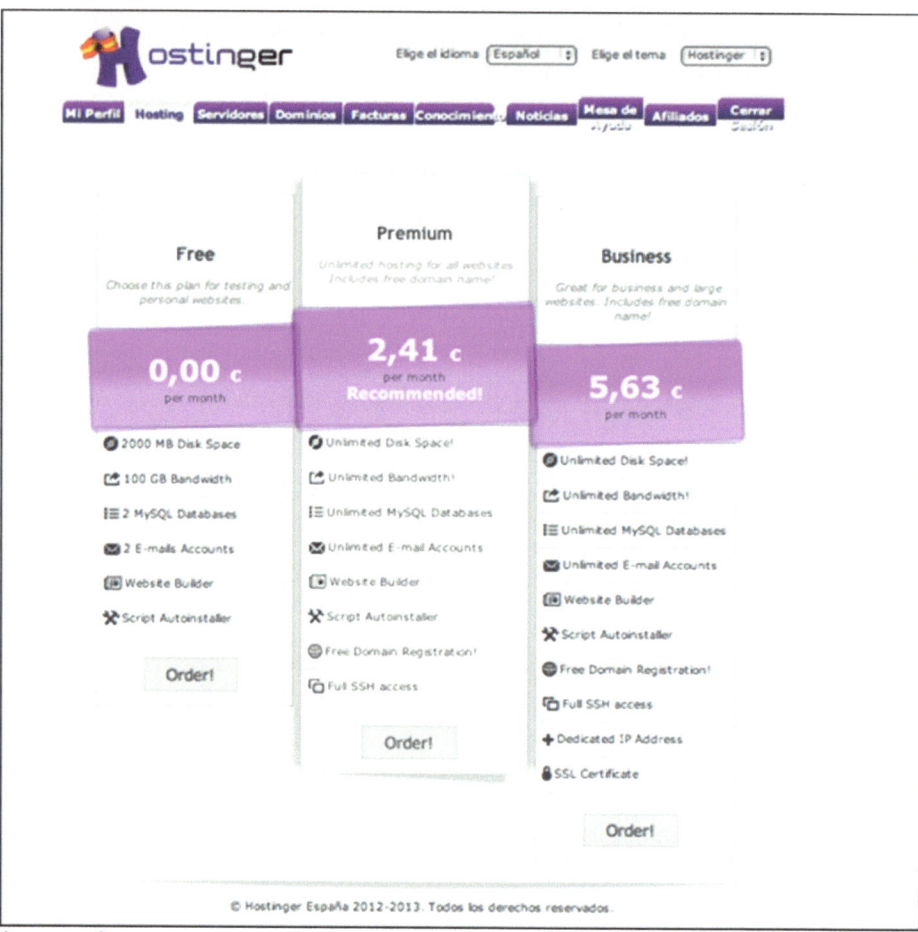

Imagen 3

Haz clic en el botón **Order** del plan **Free**, los otros dos son de pago, algo que te aconsejamos comprar posteriormente si deseas crear una web o blog profesional que sea localizada en buscadores.

Proyectos Web y blogs Wordpress

A continuación nos queda crear el dominio gratuito con el que identificaremos nuestra Web o blog.

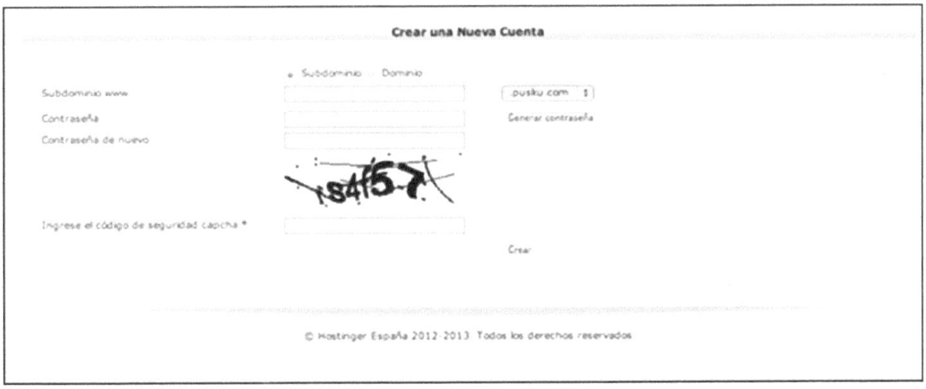

Imagen 4

Nosotros dejaremos la opción subdominio marcada, o si lo prefieres puedes marcar la opción **Dominio** y adquirir uno de pago tipo *.com, .es, etc*.

Los dominios llevan un coste anual renovable y es la única manera de hacer visible realmente en la Web, ya que la posibilidad de aparecer en buscadores a través de un subdominio es bastante remota.

Una vez terminada esta operación te llegará un mail con los datos técnicos de tu dominio y alojamiento.

IMPORTANTE: No pierdas esta información, ya que podrá ser necesaria más adelante.

Debes de tener en cuenta que para que la Web sea visible al teclear nuestro dominio debe de transcurrir un tiempo hasta que las DNS se propagan (generalmente unas 12 horas).

Proyectos Web y blogs Wordpress
Accediendo al servidor

Ahora que ya disponemos de nuestra cuenta en hostinger.es entramos con nuestros datos desde la Web principal.

Recuerda que tus datos de usuario son el mail con el que te registraste y la clave que suministraste.

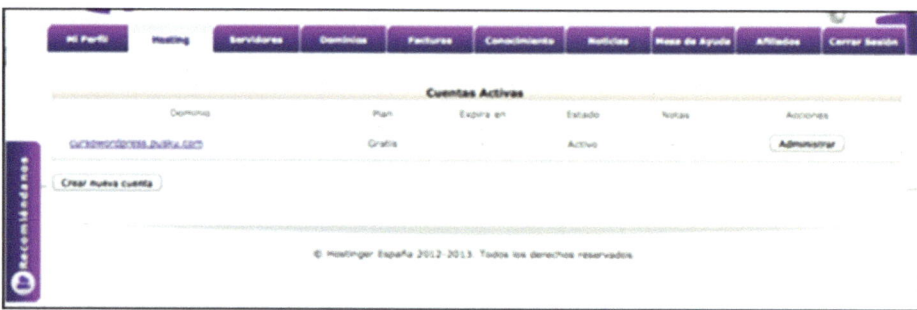
Imagen 5

Hacemos clic en la pestaña **Hosting** el icono **Administrar**.

Proyectos Web y blogs Wordpress

Instalando Wordpress

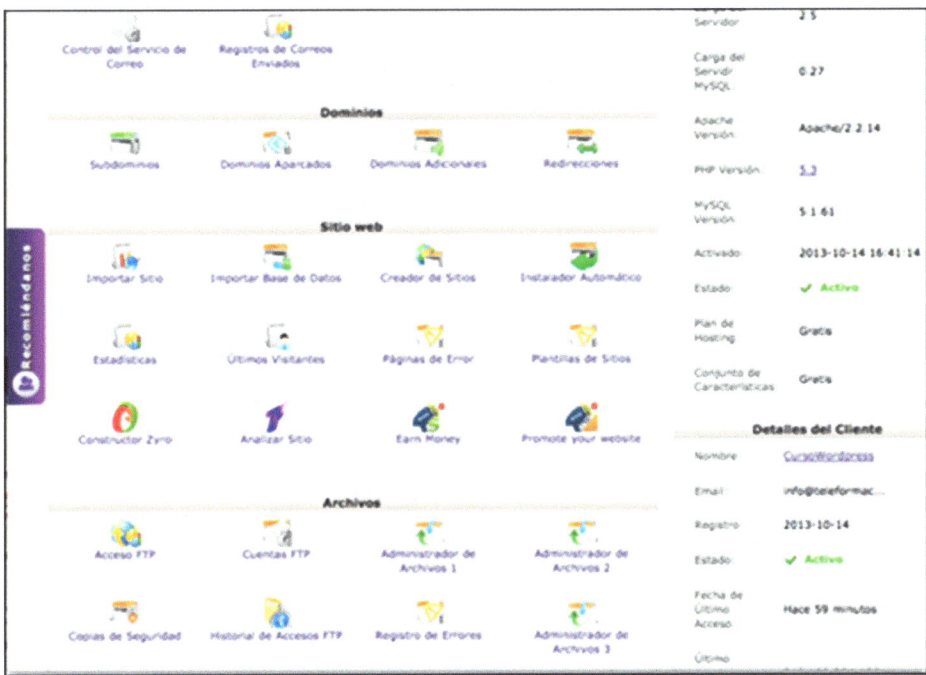

Imagen 6

Busca en el apartado *Sitio Web* de tu nuevo hosting, **Instalador automático**.

Proyectos Web y blogs Wordpress

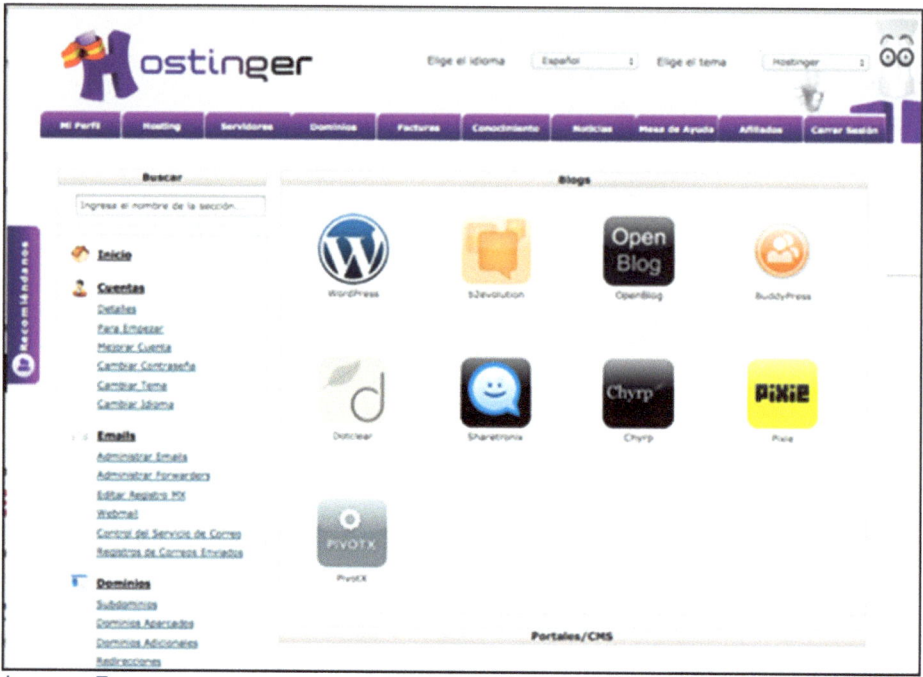
Imagen 7

Entre el conjunto de aplicaciones, seleccionamos **WordPress**. Procederemos a continuación a su instalación.

Proyectos Web y blogs Wordpress

Imagen 8

En primer lugar, deberás de teclear en que carpeta de nuestro hosting queremos que se instale WordPress. Vamos a dejarlo en blanco porque queremos que se instale en la raíz del hosting.

A continuación debes de teclear tu nombre de usuario como administrador y tu contraseña.

Cuando hagas clic en Instalar WordPress, y una vez finalizado te aparecerán los datos de tu instalación tales como los datos de administrador que tecleaste, la web de administración, etc.

Imprímeles pues son necesarios para posteriores usos o cambios que necesitemos realizar.

Proyectos Web y blogs Wordpress
Cambiar de idioma a WordPress. De Inglés a Español.

Ahora aprenderemos a modificar el idioma. Inicialmente WordPress se instala en inglés, pero es fácil modificarlo a español, veamos el procedimiento.

- Debemos acceder a nuestro hosting.
- Seleccionamos a continuación dentro del apartado **Archivos**, la opción **Administrador de Archivos2**.

Imagen 9

Proyectos Web y blogs Wordpress

- A continuación buscamos dentro de la carpeta de instalación de WordPress el archivo **WordPress wp-config.php**.
Selecciona la opción **Change Permissions** en la parte de la izquierda y marca la opción **write** pero sólo en la columna que dice **owner (propietario)** y haz clic en el botón **Change Permissions.**
   Lo que acabamos de hacer es dar permiso de modificación al archivo para que nos permita realizar una serie de cambios.

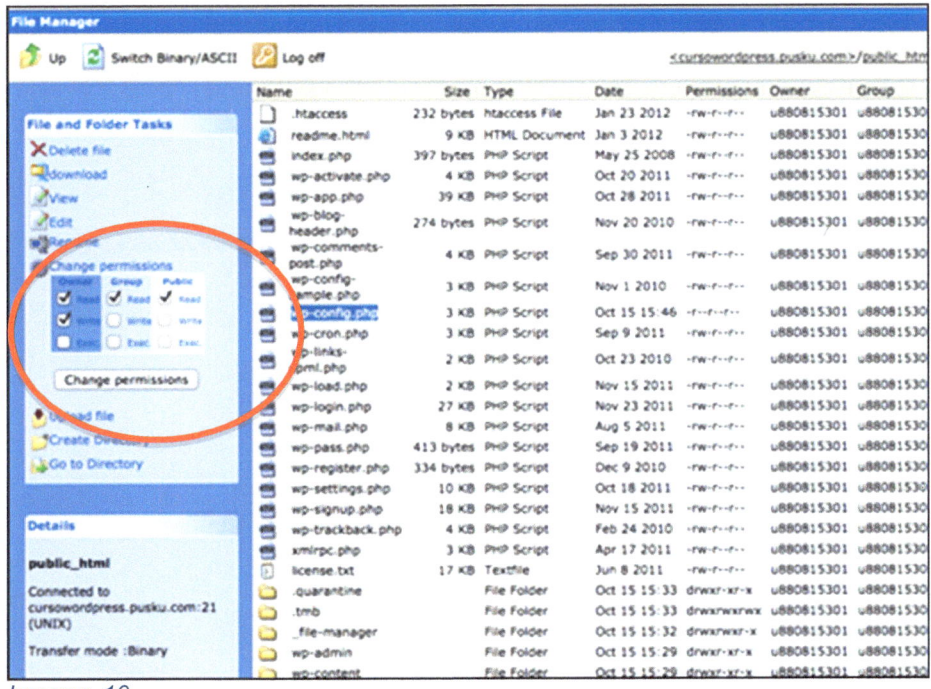

Imagen 10

Proyectos Web y blogs Wordpress

- A continuación seleccionamos la opción **Edit**
- Busca casi al final del documento **define('WPLANG', '');** y entre las dos comillas teclea: **es_ES**.

```
File Manager
  Back    Save                    Edit <cursowordpress.pusku.com>/public_html/ wp-config.php

 * You can have multiple installations in one database if you give each a
unique
 * prefix. Only numbers, letters, and underscores please!
 */
$table_prefix = 'wp_';

/**
 * WordPress Localized Language, defaults to English.
 *
 * Change this to localize WordPress. A corresponding MO file for the chosen
 * language must be installed to wp-content/languages. For example, install
 * de_DE.mo to wp-content/languages and set WPLANG to 'de_DE' to enable
German
 * language support.
 */
define('WPLANG', 'es_ES');

/**
 * For developers: WordPress debugging mode.
 *
 * Change this to true to enable the display of notices during development.
 * It is strongly recommended that plugin and theme developers use WP_DEBUG
 * in their development environments.
 */
define('WP_DEBUG', false);
```

Imagen 11

- A continuación haz clic en **Save** para grabar y almacenar los cambios realizados. Ten cuidado de no modificar el resto de líneas.
- A continuación, vamos a realizar el acceso como administradores a WordPress. Para ello deberás de teclear la URL que se indicó al finalizar la instalación y que te recomendamos que tomaras nota o lo imprimieras, esta URL será algo así:

www.tudominio/wp-admin

Proyectos Web y blogs Wordpress

Tecleando a continuación tus datos de acceso como administrador.

Imagen 12

- Hacemos clic en el apartado que dice **Updates (Actualizaciones).**

Proyectos Web y blogs Wordpress

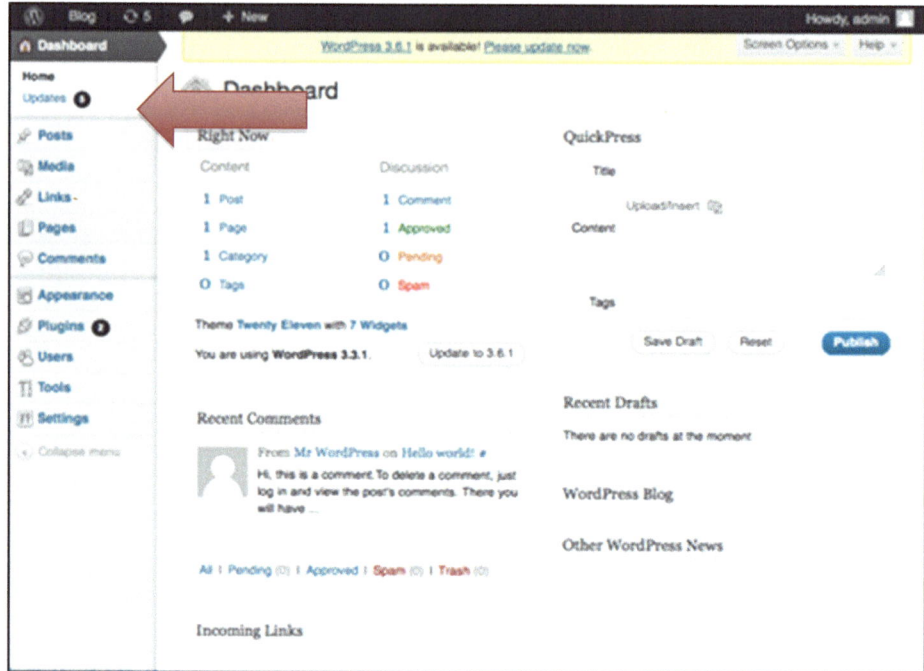

Imagen 13

Proyectos Web y blogs Wordpress
- Hacemos clic en la opción *Update Now.*

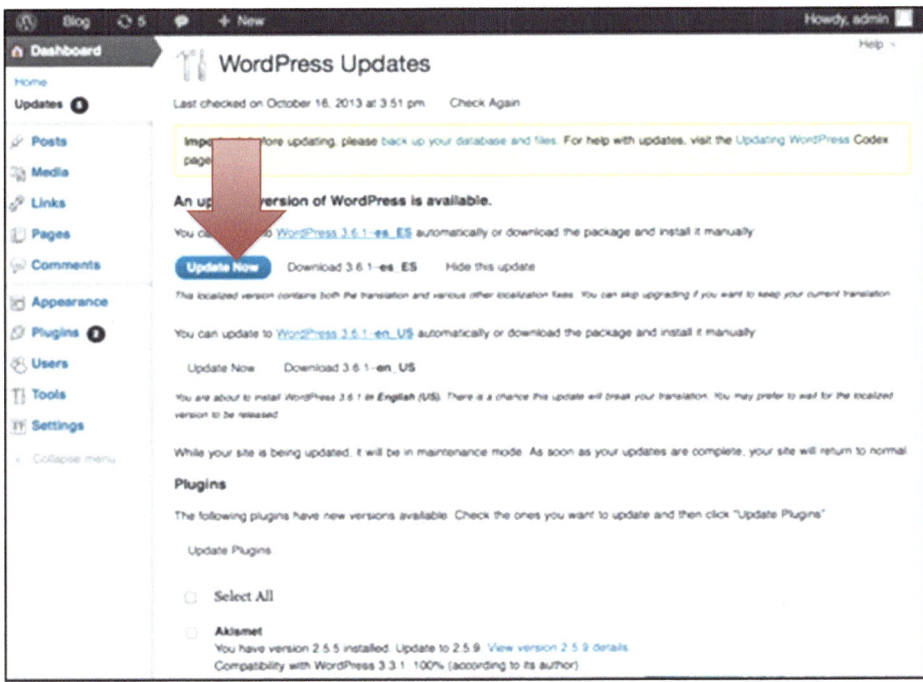

Imagen 14

Proyectos Web y blogs Wordpress

Ya disponemos de WordPress en español y listo para empezar a trabajar

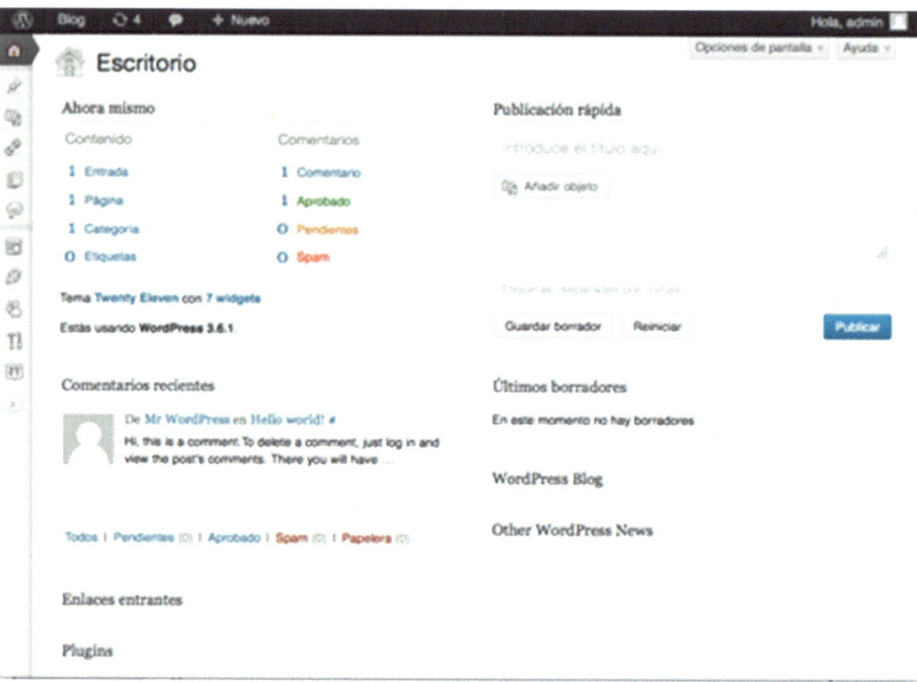

Imagen 15

Proyectos Web y blogs Wordpress
DISEÑANDO EL SITIO WEB

Wordpress está diseñado principalmente para administrar un blog, pero por ello no tenemos que renunciar a la posibilidad de crear una página Web profesional.

En el curso vamos a crear una web para una empresa que comercialice una serie de productos.

La web contará con una página principal con un menú con una opción de "nosotros", "servicios", contacto".

Plantillas para páginas Web

Lo primero que debemos hacer es localizar una plantilla que se acomode a nuestras pretensiones.

Sería recomendable buscar una plantilla de tipo *"responsive"*, esto quiere decir que se acomode tanto a ordenadores como a dispositivos móviles.

Existen dos tipos de plantillas **free** y **premium**, las primeras son totalmente gratuitas y WordPress trae por defecto cargada algunas de ellas orientadas a blog, podemos localizar alguna de estas bien en la web o a través del propio WordPress.

Las Premium, son plantillas de pago y son más versátiles y ofrecen más posibilidades.

Proyectos Web y blogs Wordpress

Buscando plantillas.

Desde la opción de WordPress *Apariencia*, seleccionamos *Apariencia – Temas – Instalar Temas*.

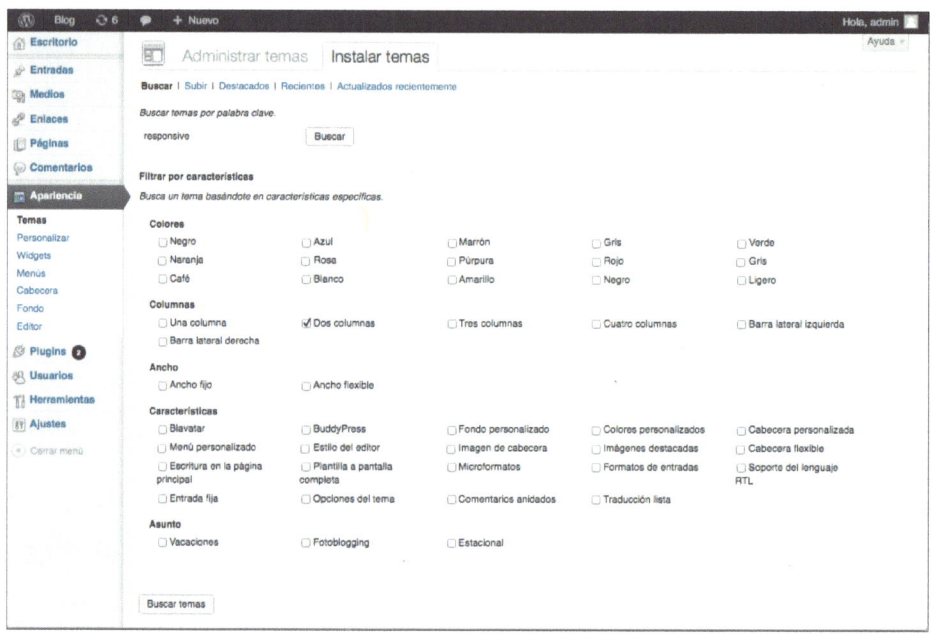

Imagen 16

Desde el apartado *buscar*, el usuario podrá localizar temas a través de un filtro.

Una vez creado el filtro de búsqueda, WordPress nos muestra todos aquellos temas localizados.

Proyectos Web y blogs Wordpress

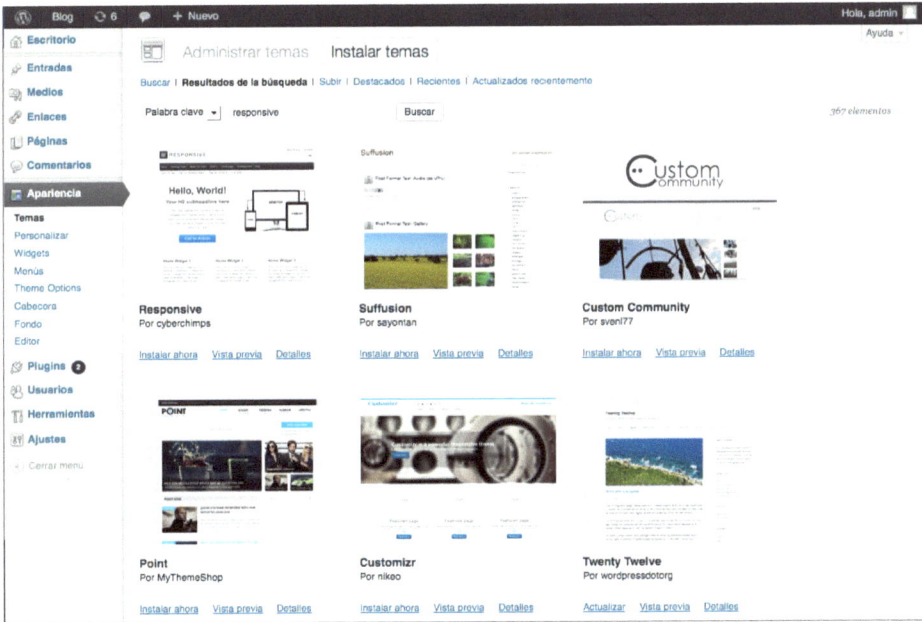

Imagen 17

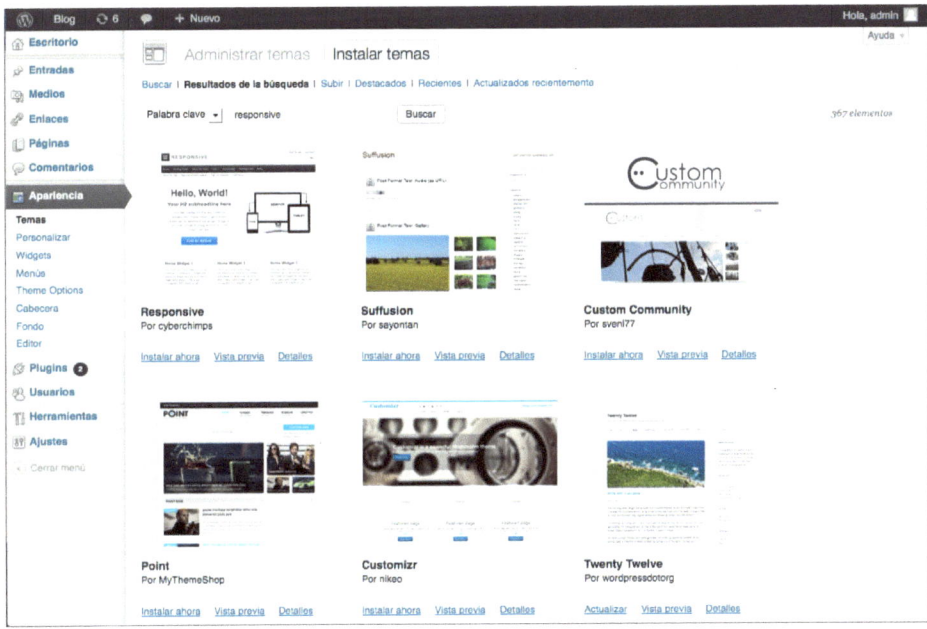

Imagen 18

25

Proyectos Web y blogs Wordpress

Podemos hacer una pre visualización mediante la opción **vista Previa**.

Una vez decidido el tema a instalar haremos clic en el enlace **Instalar ahora**.

Una vez instalado, deberemos proceder a su activación.

Disponemos también de la opción **subir**, ya que el tema lo podemos descargar por la Web y posteriormente proceder a subirle.

Proyectos Web y blogs Wordpress
Personalización del Sitio

El siguiente paso consiste en personalizar el sitio Web, para ello seleccionamos en el menú **Apariencia – Personalizar.**

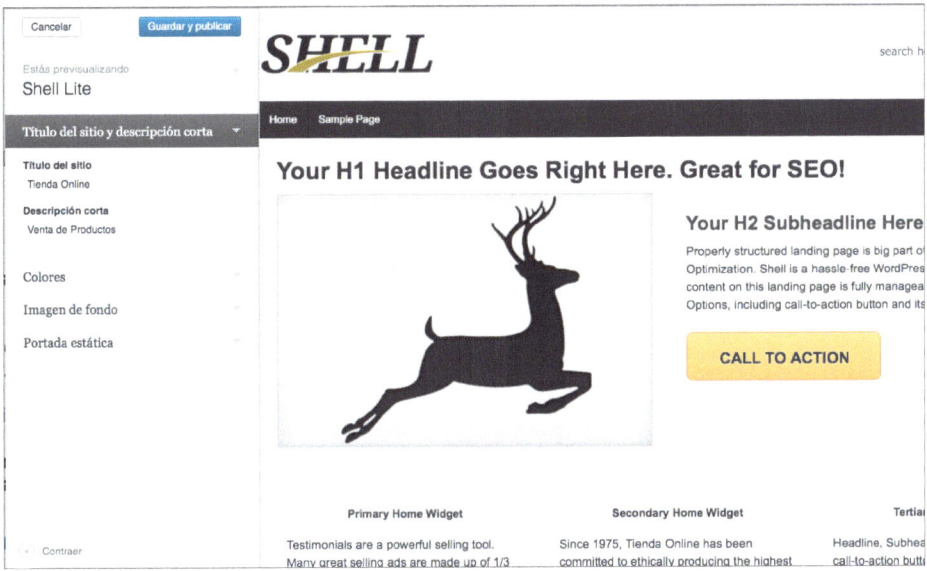

Imagen 19

Una de las cosas más importantes que debemos hacer es indicar el título del sitio y una descripción corta.

Esto dentro de las técnicas y estrategias SEO para que los buscadores como Google localicen nuestra Web.

El título debe ser algo que refleje que contiene nuestra Web, por ejemplo si nuestra empresa se llama "*Librería Martínez*", realmente esto no sería relevante para nuestro sitio pues salvo que nuestra empresa sea conocida a nivel nacional o internacional como El Corte Inglés,

Proyectos Web y blogs Wordpress

Carrefour o Zara por poner un ejemplo sería bastante complicado que se nos localice.

Sería mucho más efectivo por ejemplo indicar como título *"Libros y ebooks venta online"*.

En cuanto a la descripción corta es también muy importante a la hora de ser localizados, este texto es el que suele aparecer en la parte inferior de los links de los buscadores.

IberLibro.com: **Libros** nuevos, antiguos, agotados y de ocasión
www.iberlibro.com/ ▼
Comprar **libros** de un inventario de más de 140 millones de **libros** de segunda mano, nuevos, antiguos, agotados y de ocasión de miles de librerías **online**. ... de **libros** nuevos, antiguos, agotados y de ocasión, puestos a la **venta** por miles de ...

Imagen 20

A parte del título, en el apartado de **personalización**, podremos configurar el color de fondo si el de la plantilla no nos convence, o poner una imagen.

La última opción, **Portada estática**, nos dará la posibilidad de que la página principal, nos muestre las últimas entradas (más apropiada para blog), o una página fija (más orientado a página web).

Proyectos Web y blogs Wordpress

Una vez finalizado no debemos olvidar hacer clic en el botón **Guardar y Salir**.

 Puedes ver el vídeo de esta unidad en YouTube
http://youtu.be/iAAAoDMvoBo

Proyectos Web y blogs Wordpress
CREACION DE PÁGINAS

Una vez que ya hemos decidido el tema a emplear, vamos a diseñar las páginas web que compondrán nuestro sitio web y enlazarlas a su vez con el menú principal del sitio web.

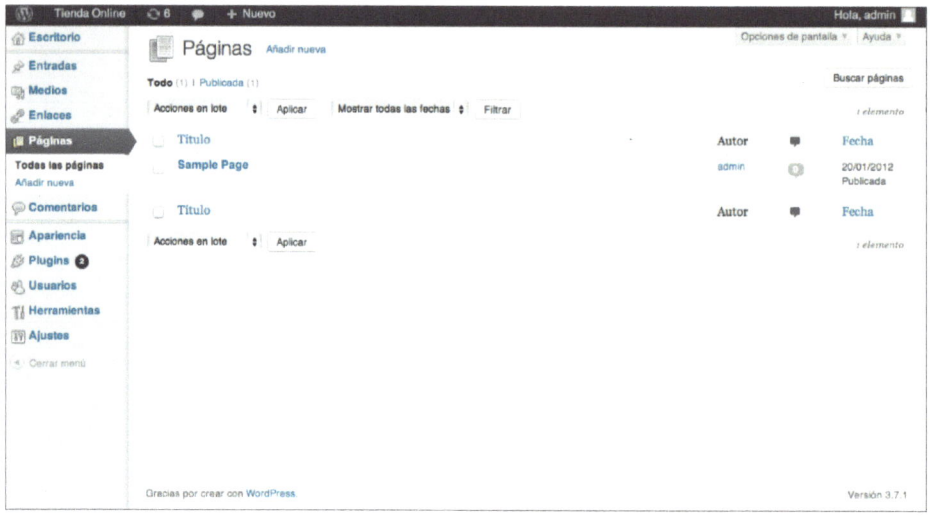

Imagen 21

En la opción *Páginas*, localizaremos todas aquellas que tengamos ya dado de alta.

Inicialmente disponemos de una página denominada *Sample Page* que podemos enviarla a la papelera posicionando el puntero del ratón encima del título y seleccionado *Enviar a la papelera.*

Proyectos Web y blogs Wordpress

Crear una página.

Desde la opción **Añadir Nueva** podremos agregar nuevas páginas a nuestro sitio Web.

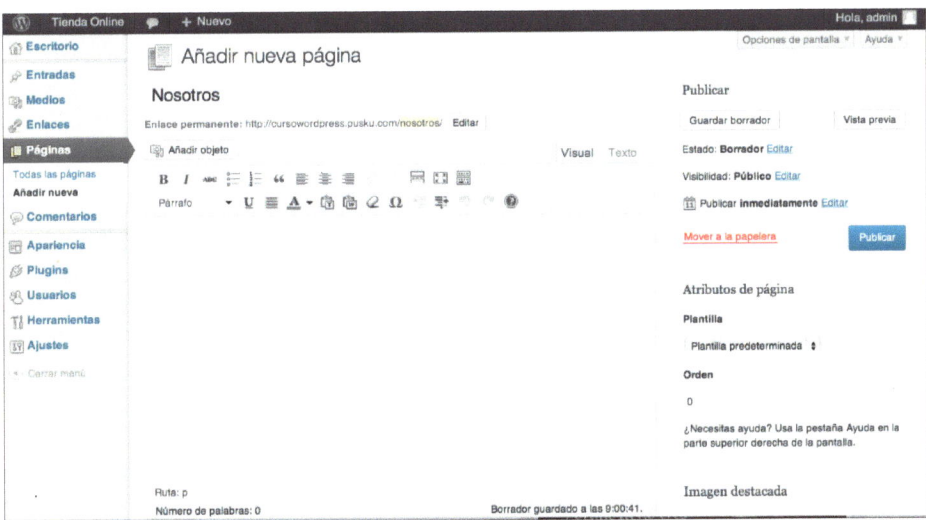

Imagen 22

Disponemos de un primer campo donde daremos nombre a la página y en la parte inferior, dispondremos de un área de texto donde agregaremos los elementos de la página.

Tenemos herramientas que nos permitirán utilizar el cuadro de edición como si fuera un editor de textos.

Proyectos Web y blogs Wordpress

Una vez finalizada la página, deberemos hacer clic en el botón *Publicar*.

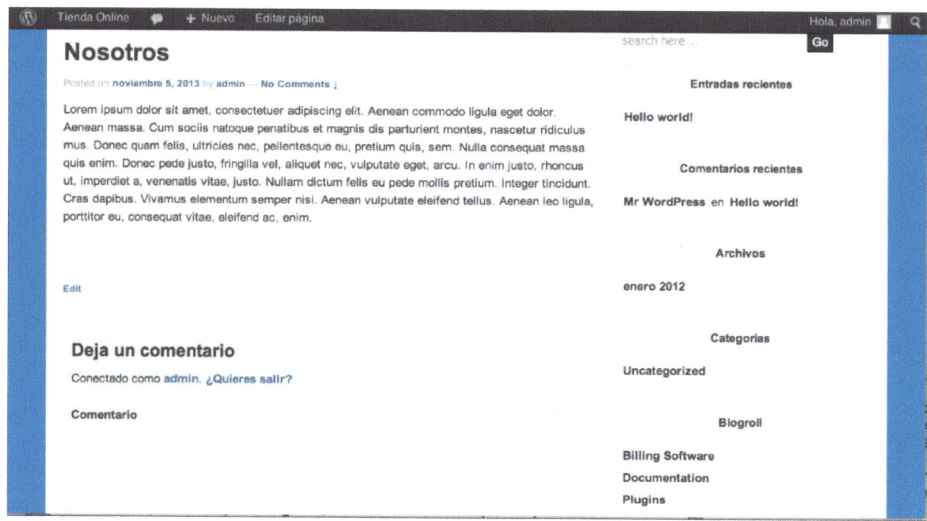

Imagen 23

Si hacemos una vista previa de la página, esta adopta forma de blog permitiendo hacer comentarios a los visitantes. Si deseamos eliminar esta facilidad, debemos activa en la opción de páginas *Opciones de pantalla*, activando la opción *Comentarios.*

Proyectos Web y blogs Wordpress

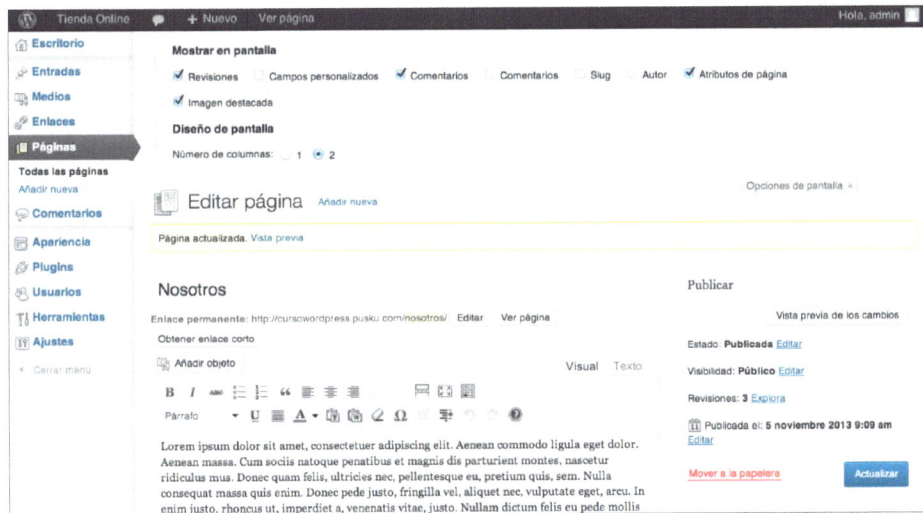

Imagen 24

Posteriormente en la parte inferior de esta pantalla, procederemos a desactivar la opción de **Permitir Comentarios**.

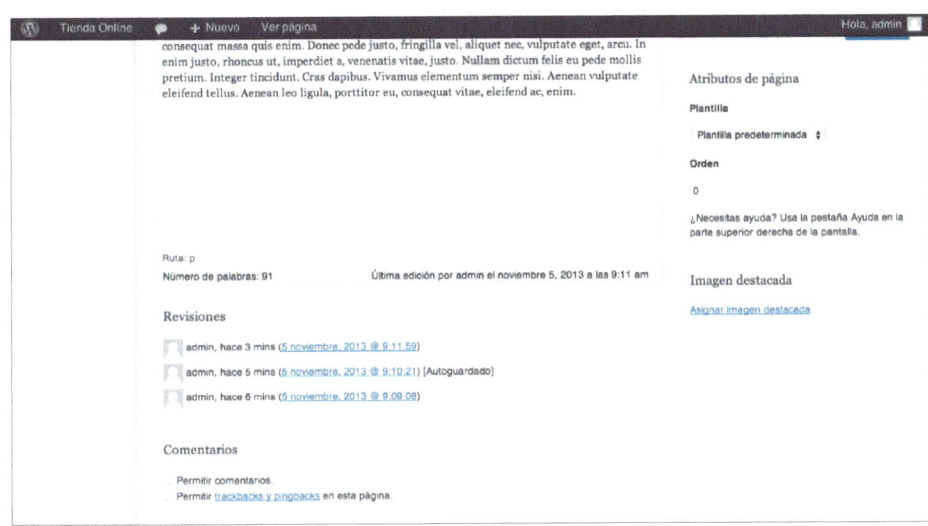

Imagen 25

Proyectos Web y blogs Wordpress

 Puedes ver el vídeo de esta unidad en YouTube
http://youtu.be/HOnfdaHiFec

Diseño de una página de portada

El siguiente paso que vamos a dar es crear una página de portada para nuestro sitio Web en sustitución del que ya disponemos.

Para ello vamos a crear una nueva página con las siguientes características.

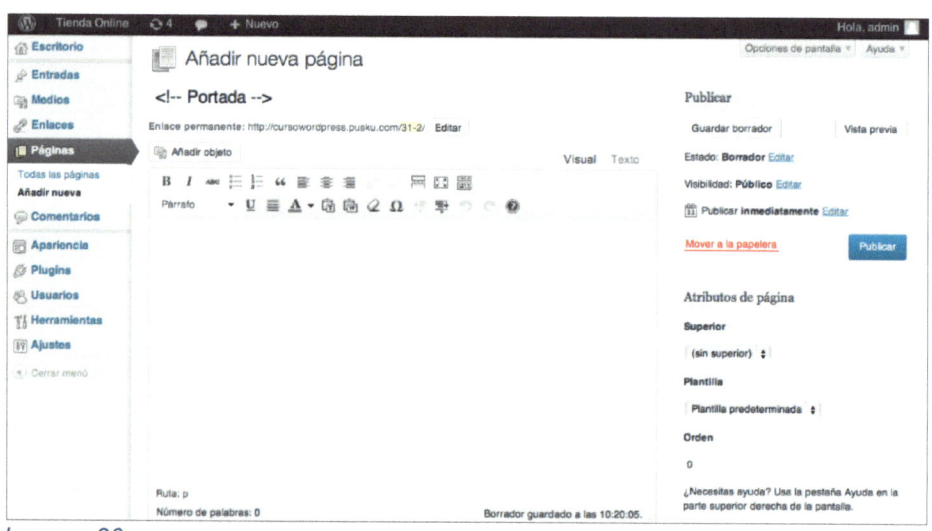

Imagen 26

Como título de la página daremos **<!—Portada -->**, tecleamos el título entre estos símbolos para evitar que

Proyectos Web y blogs Wordpress

dicho título aparezca en el menú de opciones y además que se repita como cabecera de título en la propia página.

Además vamos a modificar el permalink o enlace permanente que como ves WordPress si no dispone de un título visible lo identifica con un número en este caso 31-2.

El enlace permanente es importante para una fácil identificación por parte de Google y los buscadores de las distintas secciones de la web y obviamente 31-2 no indica nada relevante.

Hacemos clic en el botón de *Editar* y procedemos a su modificación, vamos a cambiarlo por *principal*.

Imagen 27

Proyectos Web y blogs Wordpress

Subir e insertar una imagen en Wordpress

Para poder subir una imagen a wordpress desde páginas, debemos hacer clic en el botón **Añadir Objeto.**

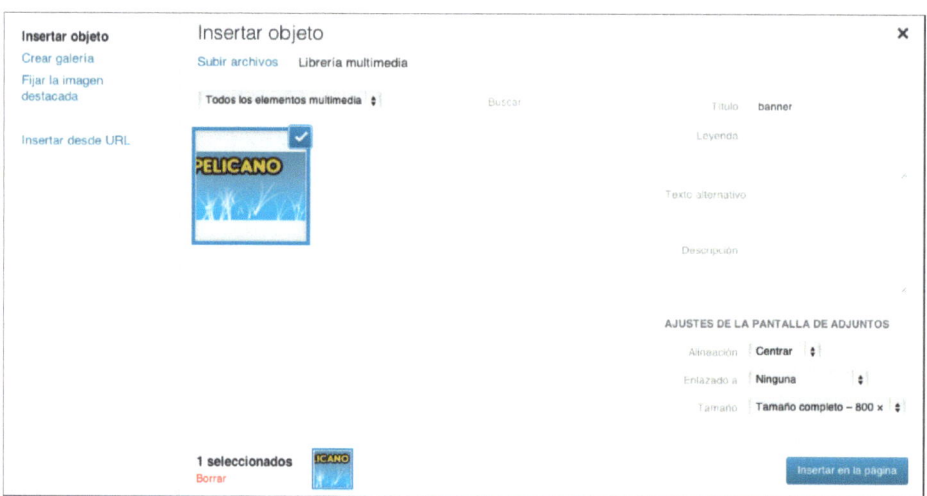

Imagen 28

Arrastra o localiza tu archivo desde tu ordenador, y a continuación podemos indicar los siguientes parámetros:
Alineación: *Alineación de la imagen (Ninguna, Deercha, Izquierda o Centro.*

Enlazado a: *Permite indicar el enlace que deberá abrirse en caso de hacer clic en la imagen. Podremos indicar* **ninguna** *para evitar el enlace.*

Tamaño: *Dependiendo de la plantilla podremos disponer de distintos tamaños de autoescala para la imagen.*

Proyectos Web y blogs Wordpress

En cualquier momento podremos eliminar o modificar las propiedades de la imagen con hacer clic sobre la misma.

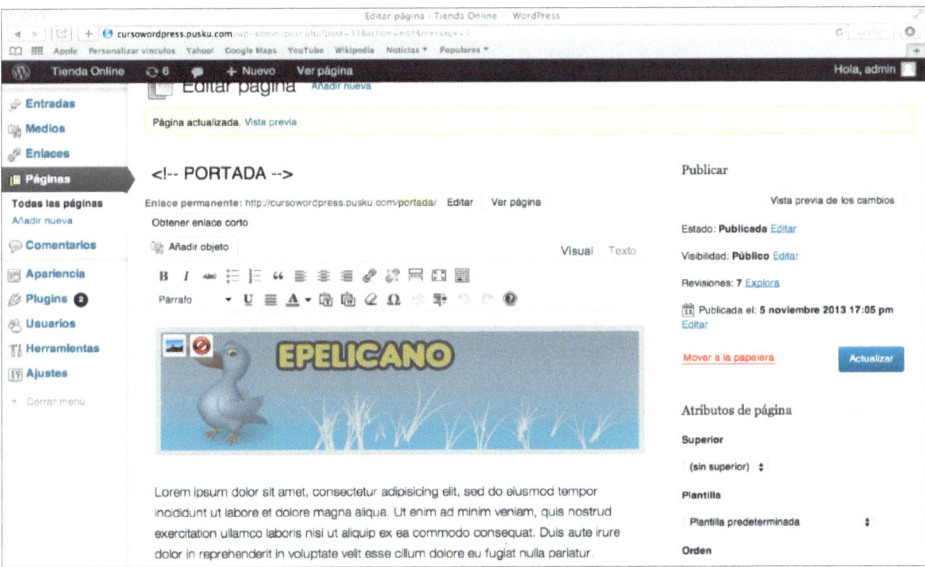

Imagen 29

Proyectos Web y blogs Wordpress

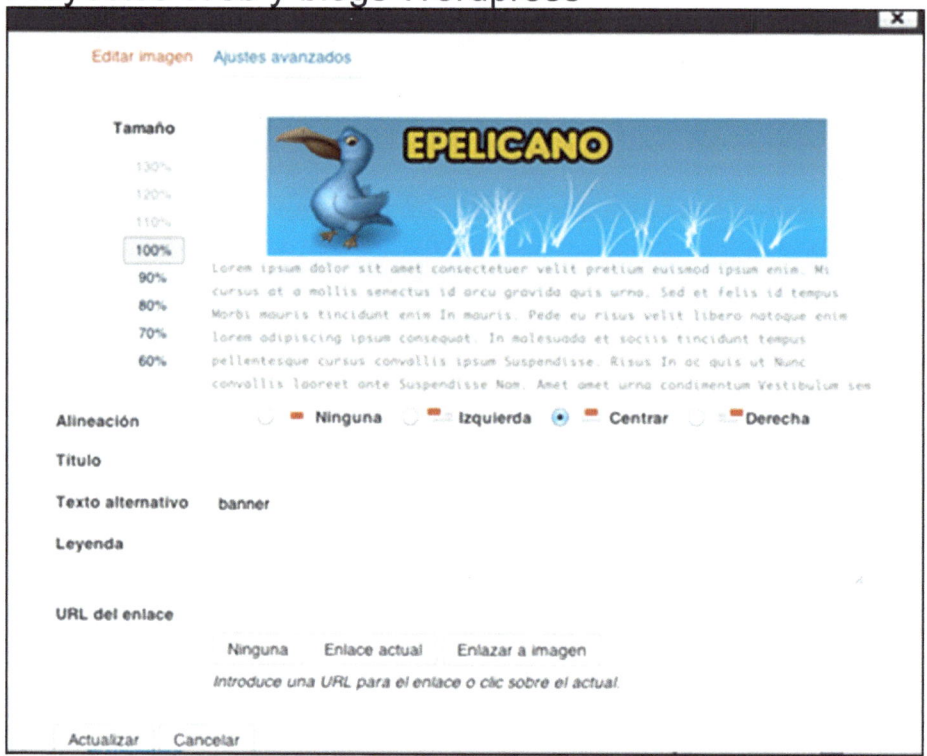

Imagen 30

Al modificar las propiedades, podremos reducir porcentualmente el tamaño de la imagen, modificar la alineación del texto, y poner atributos de imagen como el título o leyenda de la imagen.

Proyectos Web y blogs Wordpress

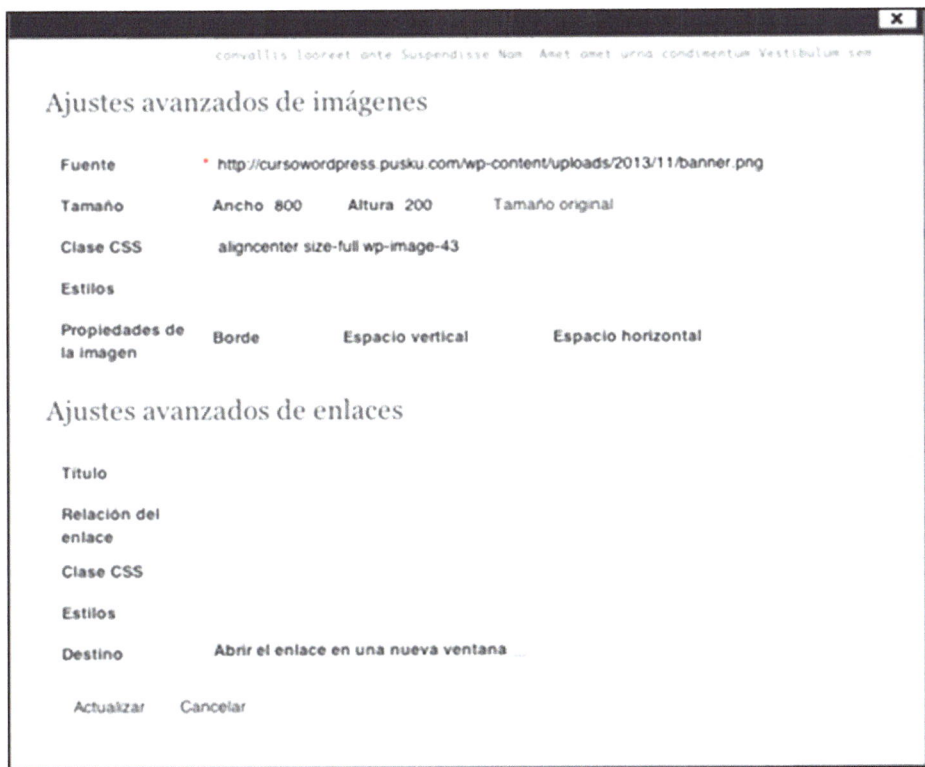

Imagen 31

Mediante los ajustes avanzados, podremos modificar otras opciones como el tamaño de la imagen en pixeles, agregar estilos CSS, añadir un borde a la imagen o espaciado vertical y horizontal con respecto al texto.

Otros ajustes que podemos hacer se refieren al enlace como clases, estilos, o abrir la URL en una nueva ventana.

Proyectos Web y blogs Wordpress
Colocar una página como Portada Estática

Por último vamos a colocar la página diseñada como Portada Estática, es decir la información que deseamos que sea visible al abrir el sitio Web.

Para ello, debemos accede a **Apariencia – Personalización**.

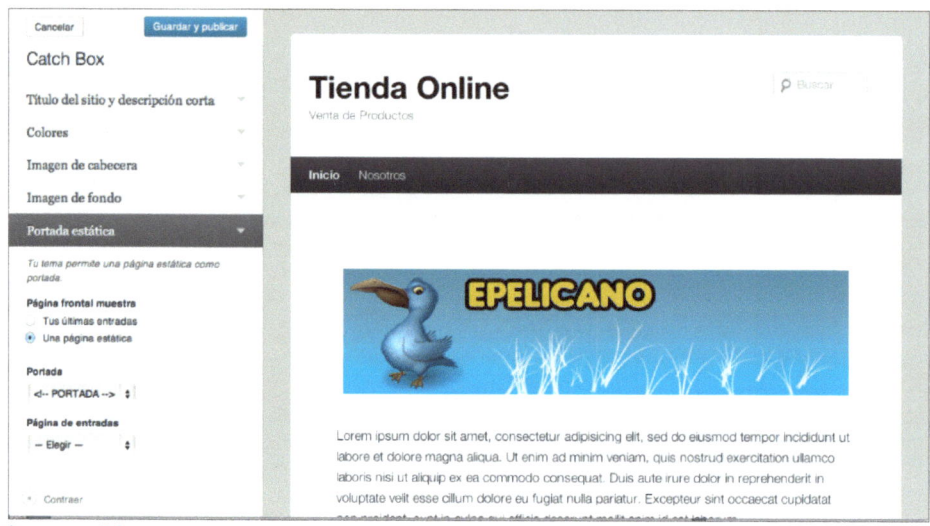

Imagen 32

Seleccionamos en la opción de **Página frontal muestra** la opción **Una página estática**.

Proyectos Web y blogs Wordpress

En la opción **Portada**, desplegamos y seleccionamos la página que deseemos poner de portada.

 Puedes ver el vídeo de esta unidad en YouTube
http://youtu.be/UvhahWQ_JK4

Proyectos Web y blogs Wordpress
LOS MENUS

Para dar una facilidad de navegación en nuestra web, debemos de disponer de un sistema de menú que en la mayoría de las plantillas ya está incluido.

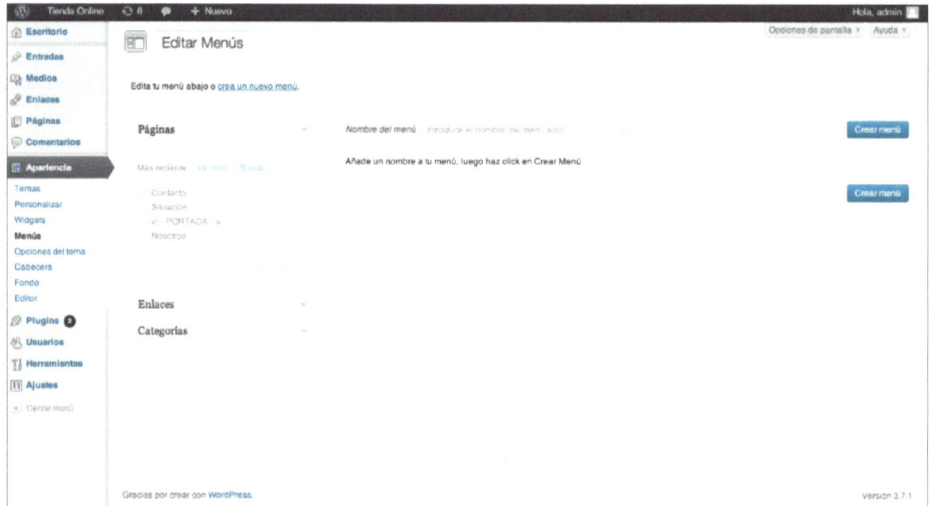

La opción de menú, la encontrarás dentro de **Apariencia**. Si te fijas en la imagen, aparece ya el menú creado con las páginas que hemos activado, aquellas cuyo nombre van entre los símbolos <!- --> no aparecerán dentro del menú de opciones.

Proyectos Web y blogs Wordpress

Número de orden entre páginas

También si te fijas el orden en que WordPress dispone las páginas no es el mismo en que nosotros las creamos por lo que deberíamos de arreglar esta situación.

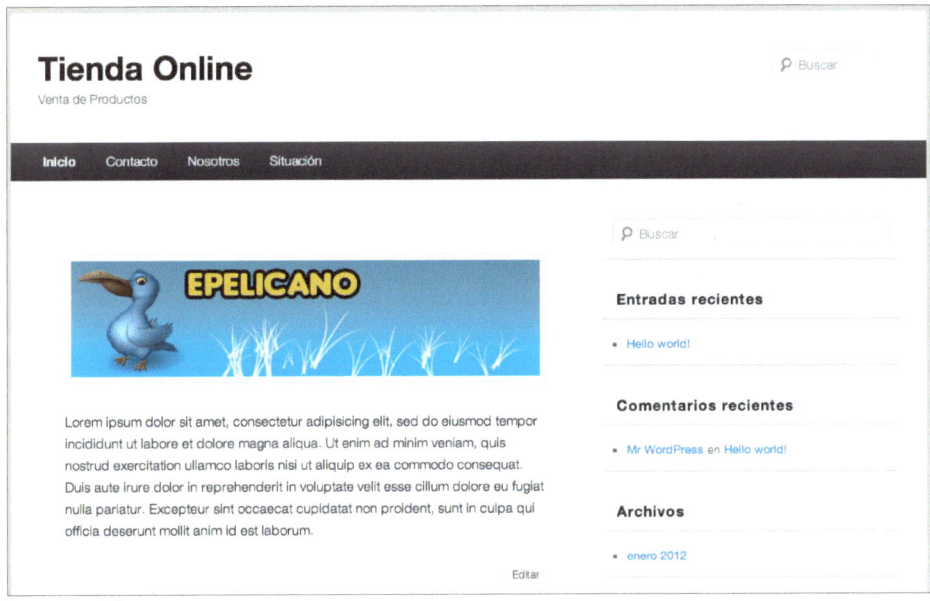

Imagen 33

El orden de disposición de las páginas lo podemos solucionar, si editamos cada una de las páginas e indicamos un número de orden:

Proyectos Web y blogs Wordpress

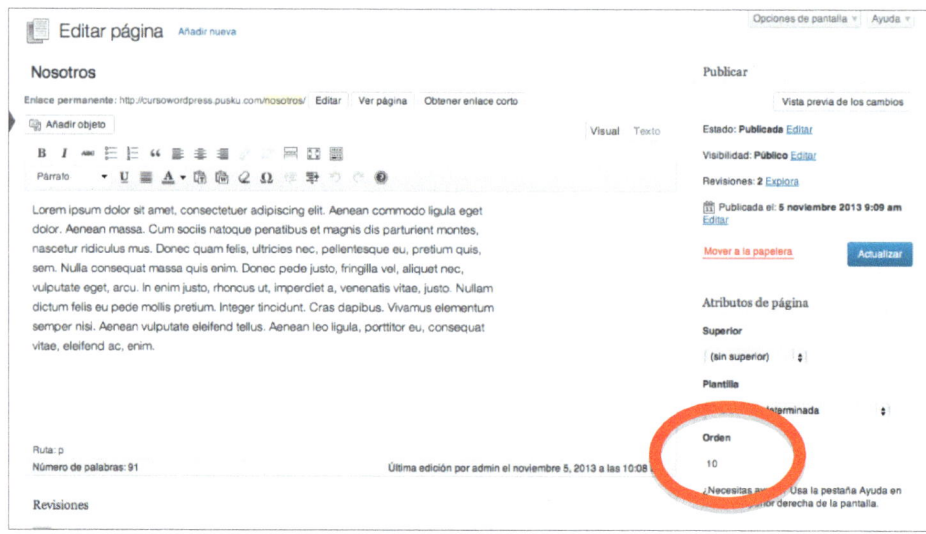

Imagen 34

Es conveniente dejar un intervalo entre una página y otra por si posteriormente deseamos intercalar alguna otra página, por ejemplo las podemos ir numerando de 10 en 10.

Creación de un menú personalizado

En WordPress se nos permite crear menús y submenús y dependiendo de la plantilla utilizada menús secundarios dispuestos en una segunda fila o menús en el pie del sitio Web.

Para crear un menú debemos ir a la opción **Apariencia – Menú**s.

Proyectos Web y blogs Wordpress

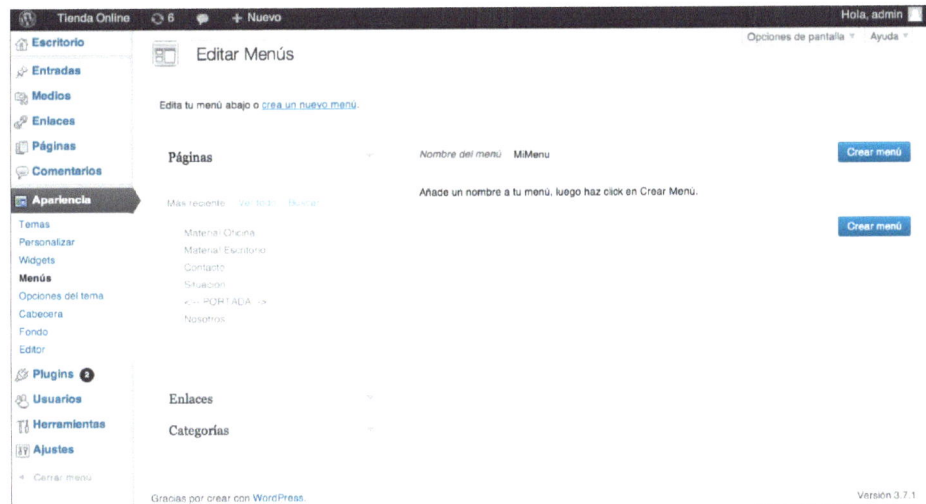
Imagen 35

Tecleamos un nombre para el menú y hacemos clic en el botón **Crear Menú**.

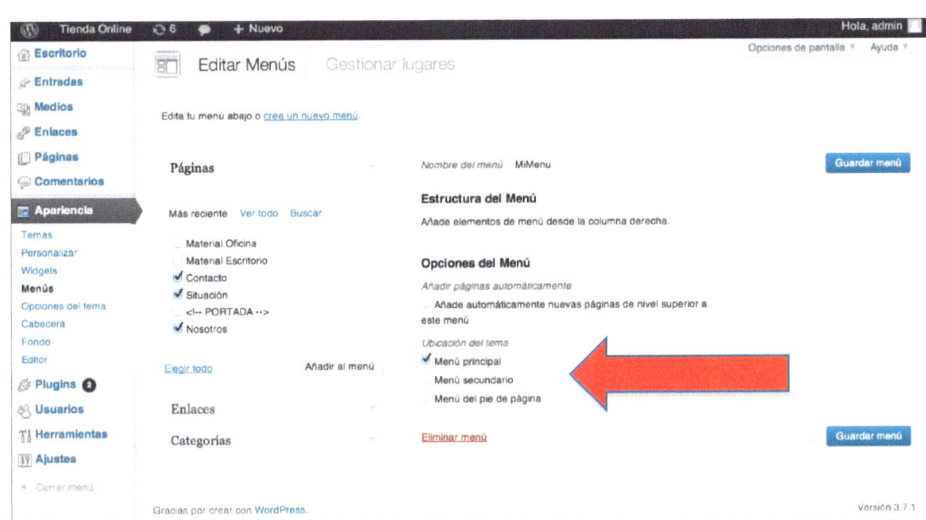
Imagen 36

Proyectos Web y blogs Wordpress

A continuación, marcamos la ubicación del menú, en este caso como estamos creando el menú principal del sitio Web, marcamos **Menú Principal**.

Después debemos marcar las páginas que deseamos agregar al menú situado en la parte de la izquierda de la pantalla y hacemos clic en **Añadir al Menú**.

No se nos debe olvidar **Guardar el Menú**. Si deseas intercambiar el orden de las opciones del menú, arrastralas a la posición de este que desees. Tal como las dispongas así saldrá en tu sitio Web.

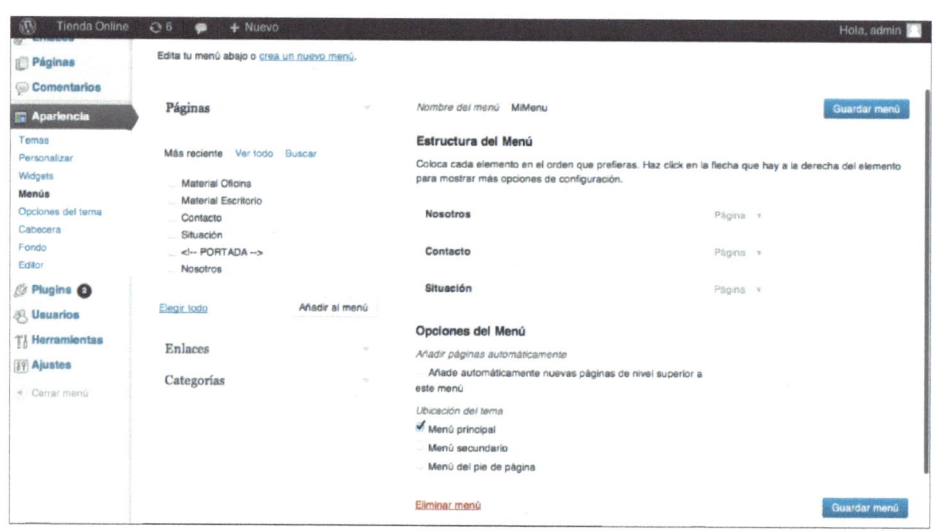

Imagen 37

Podremos activar la casilla de añadir nuevas páginas automáticamente, para que cada vez que creemos agreguemos una nueva, esta se añada al menú.

Si deseas eliminar alguna opción, haz clic en el triángulo que aparece al lado de cada una de las opciones y haz clic en **Eliminar**.

Proyectos Web y blogs Wordpress

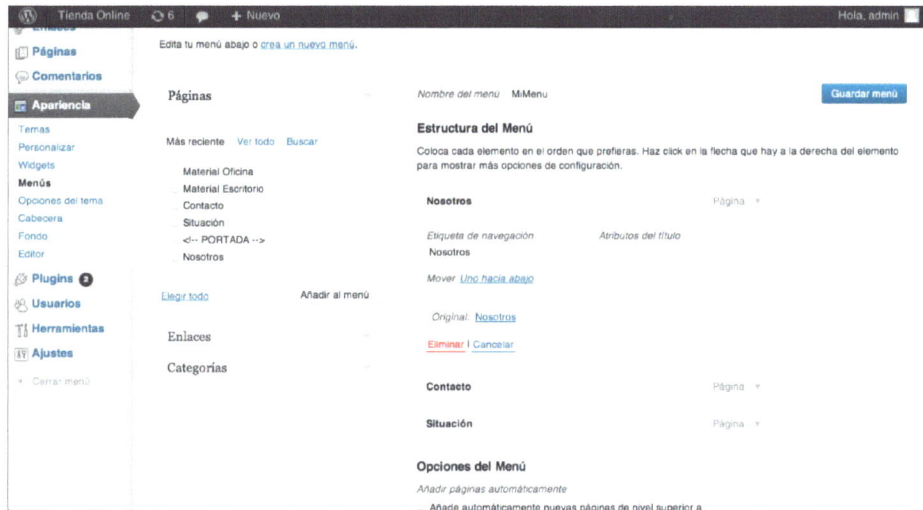

Imagen 38

De esta forma también podremos modificar el texto de la etiqueta de cada una de las opciones.

Proyectos Web y blogs Wordpress

Añadir enlaces externos al menú

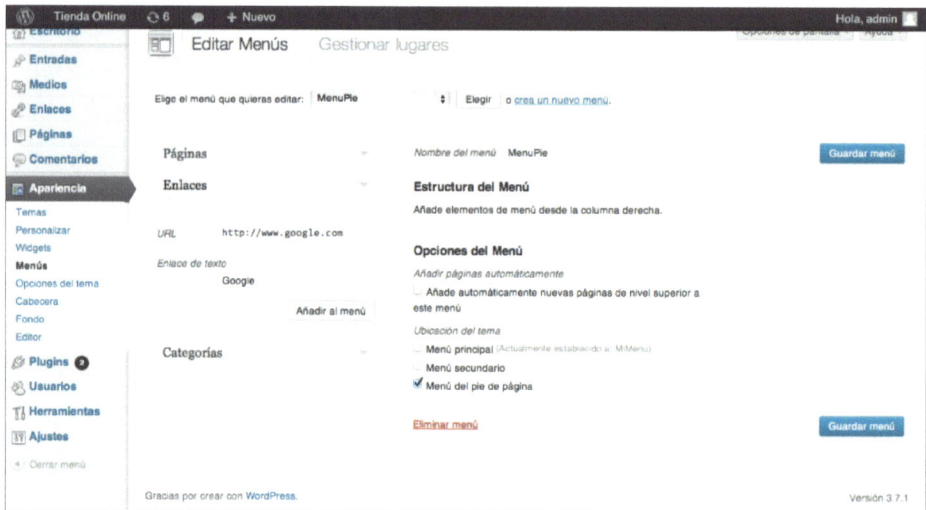

Imagen 39

Dentro de un menú, también podemos agregar enlaces externos, para ello desplegaremos la opción **Enlaces**, indicando la **URL** y la etiqueta a mostrar en el menú.

Proyectos Web y blogs Wordpress

Creación de Submenús. Menús desplegables

Para crear un menú desplegable, primero deberemos crear la opción principal del submenú.

Imagen 40

Procedemos a crear un enlace como hemos visto anteriormente, pero en este caso en el apartado URL, tecleamos el símbolo #, este símbolo indica que al hacer clic o situar el puntero del ratón no debe abrir ninguna página.

Proyectos Web y blogs Wordpress

Imagen 41

A continuación pasamos las páginas que van a ser subelementos y las arrastramos hacia la derecha de tal forma que queden a otro nivel que la principal tal y como aparece en la imagen.

Proyectos Web y blogs Wordpress

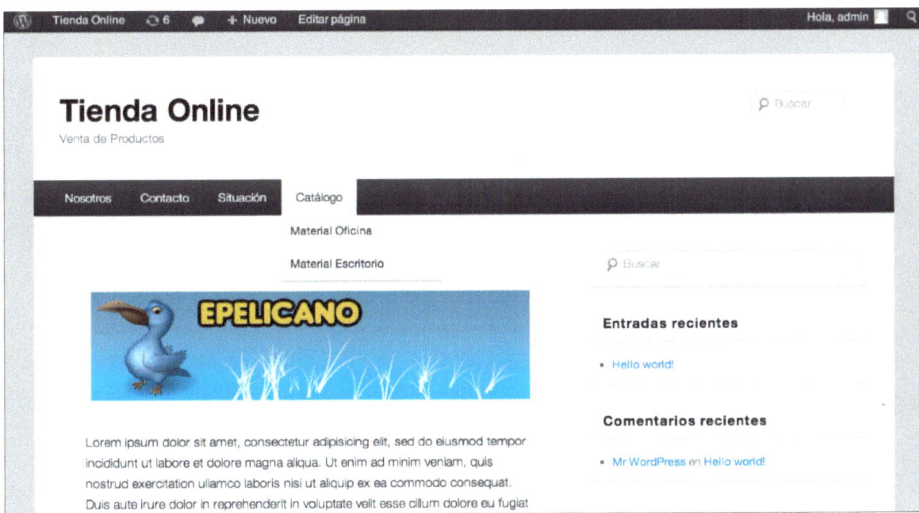
Imagen 42

Obtendríamos un menú como el de la imagen.

 Puedes ver el vídeo de esta unidad en YouTube
http://youtu.be/QU0MRLxT5WY

51

LOS PLUGINS

Los plugins son herramientas que incrementan el funcionamiento de WordPress, cualquier cosa que se nos ocurra hacer seguro que existe un plugin que lo hace.

Al igual que en las plantillas, existen plugin gratuitos o **Free**, y plugin de pago o **Premium**.

Lo primero que debemos aprender es a buscar e instalar un plugin en la red.

Supongamos que deseamos instalar un *slider* en nuestra página principal o de portada, deberemos de intentar localizar un plugin que nos permite hacer esto.

Proyectos Web y blogs Wordpress

Buscar e Instalar un plugin

Para buscar e instalar un plugin, deberemos ir a la opción *plugins* de nuestro sitio de administrador.

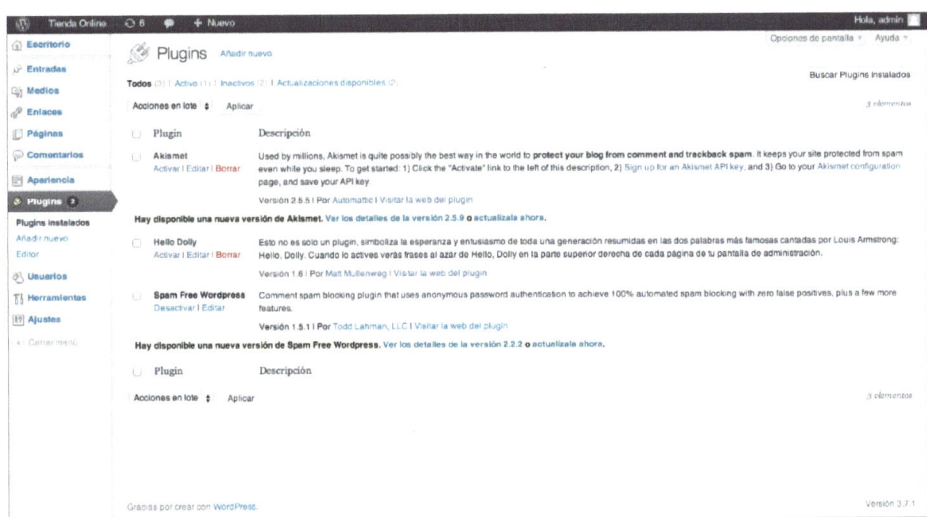

Imagen 43

En esta pantalla nos aparecen todos los plugins instalados, tanto los activados como los no activados.

Así mismo dispondremos de los avisos pertinentes de actualización de aquellos plugin que proceda o que el proveedor haya actualizado.

Proyectos Web y blogs Wordpress

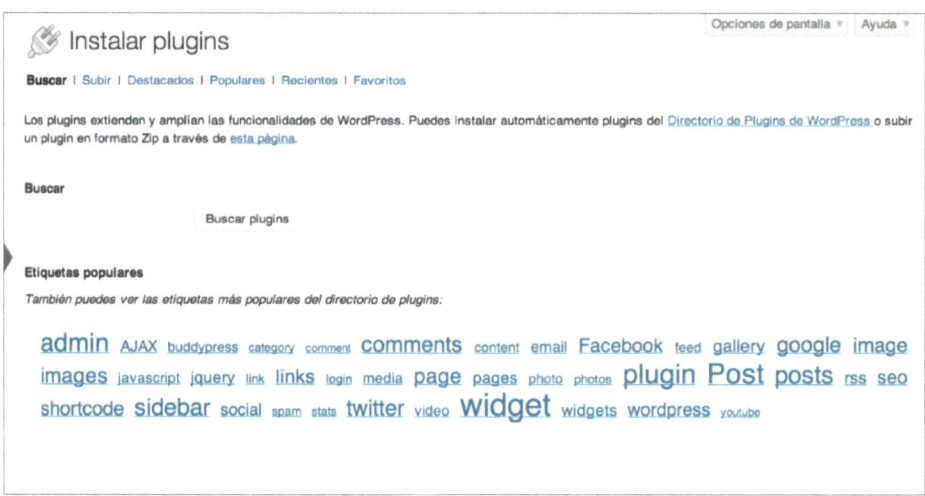

Imagen 44

Desde la opción **Añadir nuevo**, WordPress nos lleva al proceso de instalación del plugin.

Desde esta ventana podremos intentar localizar un plugin bien por su nombre o temática, subirle si previamente lo hemos buscado por internet y lo hemos descargado o acceder a los plugin destacados o más populares del momento.

Nosotros vamos a localizar un plugin que lleva de nombre **soliloqui lite**, este plugin nos va a permitir diseñar un slider mu fácil de configurar en la portada.

Proyectos Web y blogs Wordpress

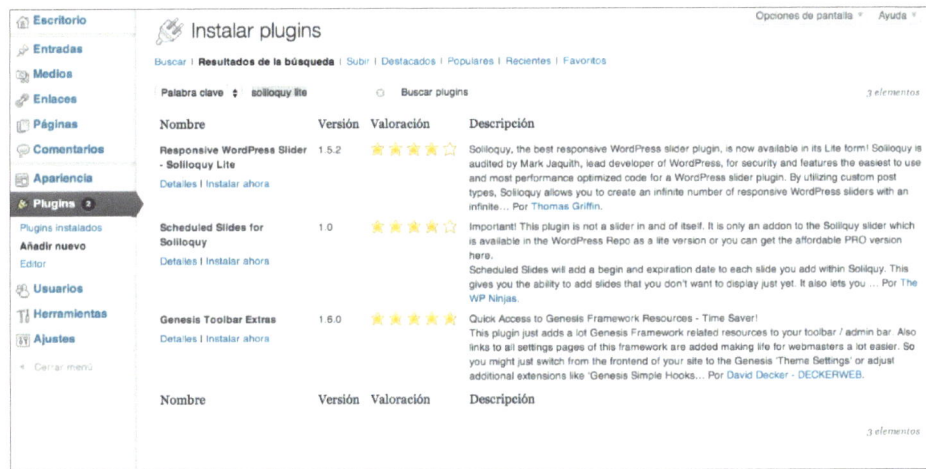

Imagen 45

Una vez localizado el plugin (puede haber más de una concordancia) podemos visualizar su nombre versión, valoración y descripción.

También disponemos de un enlace de **Detalles** que nos abre una ventana donde podemos ver una descripción más detallada, ventanas de demostración, preguntas a cuestiones más usuales y un proceso de instalación.

Proyectos Web y blogs Wordpress

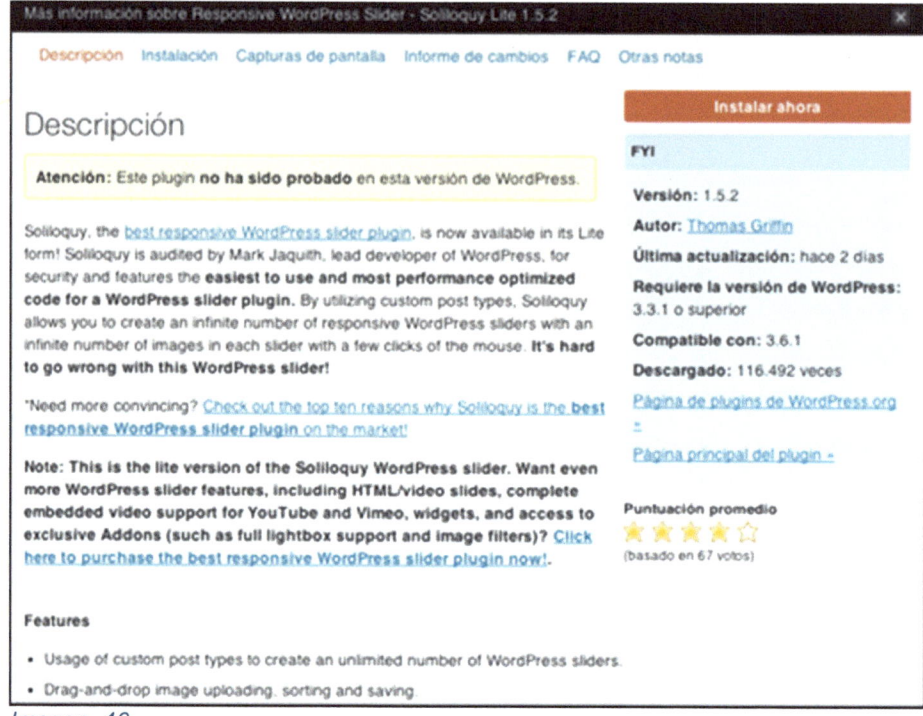
Imagen 46

Haciendo clic tanto en el botón de *Instalar Ahora* como en el enlace de pantalla previa WordPress procede a descargar e instalar el plugin.

Proyectos Web y blogs Wordpress

Imagen 47

Una vez instalado el plugin, sólo nos queda activarlo haciendo clic en el enlace **Activar Plugin**.

 Puedes ver el vídeo de esta unidad en YouTube
http://youtu.be/se1OonueYeo

Configurar el plugin del Slider

En primer lugar deberemos de configurar los parámetros generales del Slider, podemos tener tantos slider como queramos e insertarlos dentro de la página o páginas que deseemos.

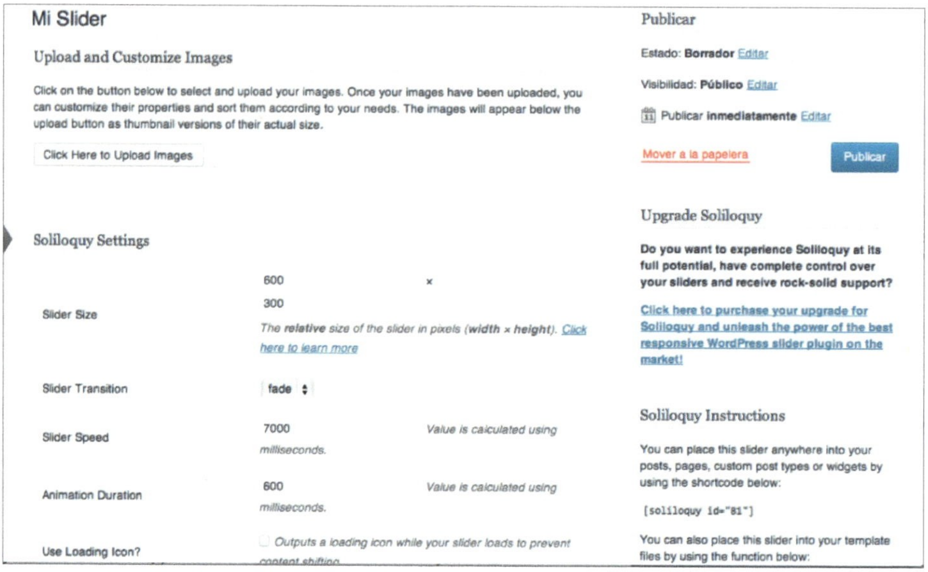

Proyectos Web y blogs Wordpress

Imagen 48

Deberemos dar un nombre al slider que en nuestro caso lo hemos llamado **Mi Slider**.

A continuación puedes indicar el tamaño (slider size) que tendrá el slider (por defecto 600 x 300) es posible indicarlo de forma relativa en porcentaje.

Slider Transition, es el efecto de transición entre las distintas diapositivas del slider, la versión free no concede más que una opción (fade).

Slider Speed, velocidad en milisegundos entre diapositivas. Por defecto está establecido en 7000 milisegundos.

Animation Duration Es la duración de la animación en la entrada de las distintas diapositivas, el valor también es en milisegundos.

58

Proyectos Web y blogs Wordpress

Use loading icon posibilidad de utilizar un icono de espera a cargar las imágenes distinto al que trae el plugin.

En el apartado de la derecha nos aparece ***Soliloquy Instructions***, esto son las instrucciones para activar el slider. Si te fijas en nuestro caso nos aparece *[soliloquy id="81"]* este metadato lo debemos integrar en la página o entrada de blog donde queramos que aparezca el slider. OJO cada slider tiene un ID distinto, en cada configuración te aparecerá uno distinto.

Agregar las imágenes del Slider

Ahora sólo nos queda la tarea de subir las imágenes del slider, para ello tan sólo debemos hacer clic en el botón ***Click Here to Upload Images*** y proceder a subir estas.

Proyectos Web y blogs Wordpress

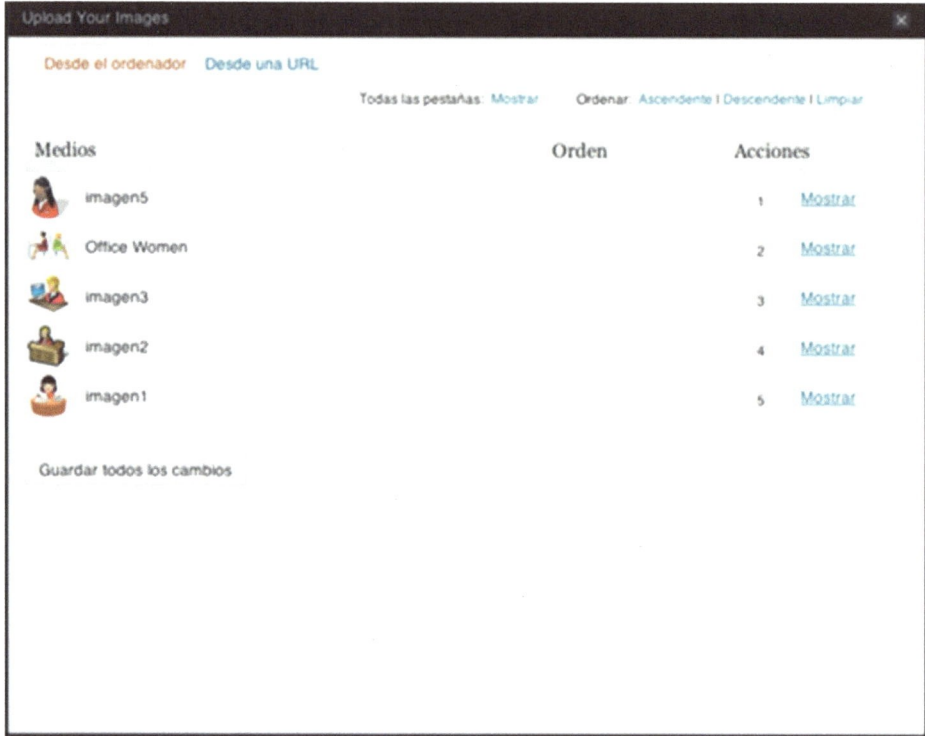

Imagen 49

Una vez subidas las imágenes, puedes ordenarlas a tu gusto con simplemente arrastrarlas a su posición o indicando un número de orden.

Procedemos a cerrar la ventana y hacer clic en el botón de publicar.

Ahora sólo nos queda incluirla en alguna de las páginas que tengamos diseñadas.

Proyectos Web y blogs Wordpress

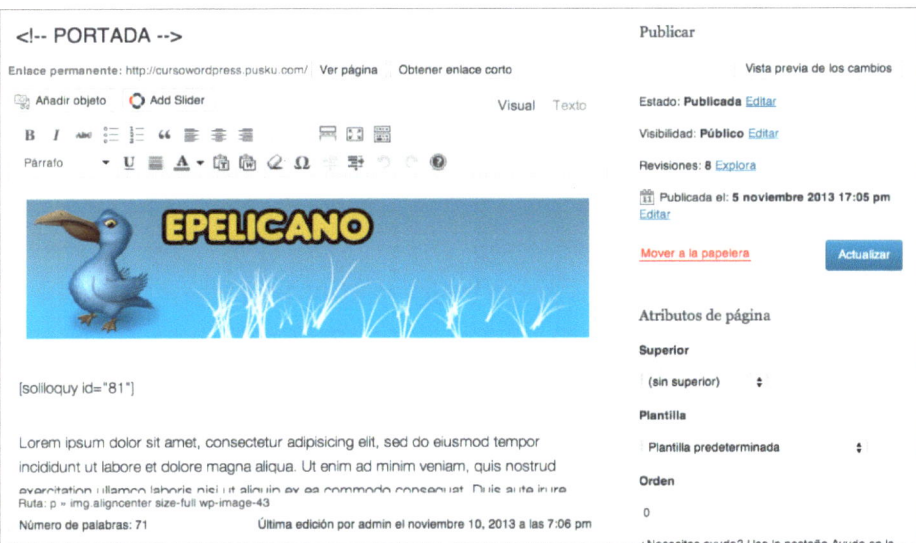

Imagen 50

Con la opción **Add Slider** podremos incluir el slider que hemos creado previamente.

Proyectos Web y blogs Wordpress
CREAR UN FORMULARIO DE CONTACTO

En la mayoría de las páginas web o blog es necesario incluir un formulario de contacto para nuestros lectores.

Para ello podemos incluir un plugin que nos permita incluir esta utilidad, en el mercado de WordPress hay una gran cantidad de estos plugin pero nosotros por su facilidad vamos a trabajar con **contact form 7** es un plugin free que debemos buscar e instalar.

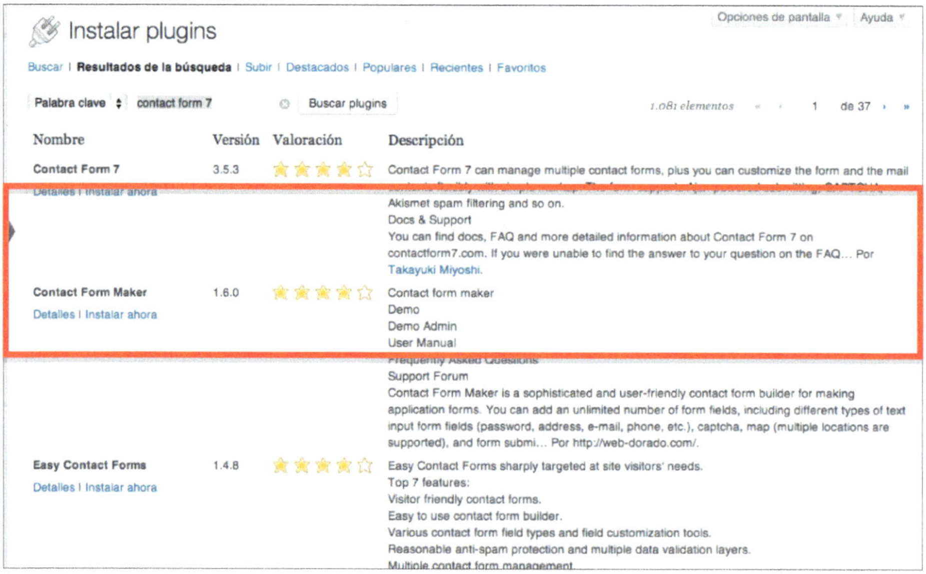

Imagen 51

Una vez instalado y activado el plugin, disponemos en el panel de administración de la opción **Contacto**. En esta opción es donde podemos definir los distintos formularios de contactos que deseemos incluir en la página o sitio web.

Proyectos Web y blogs Wordpress

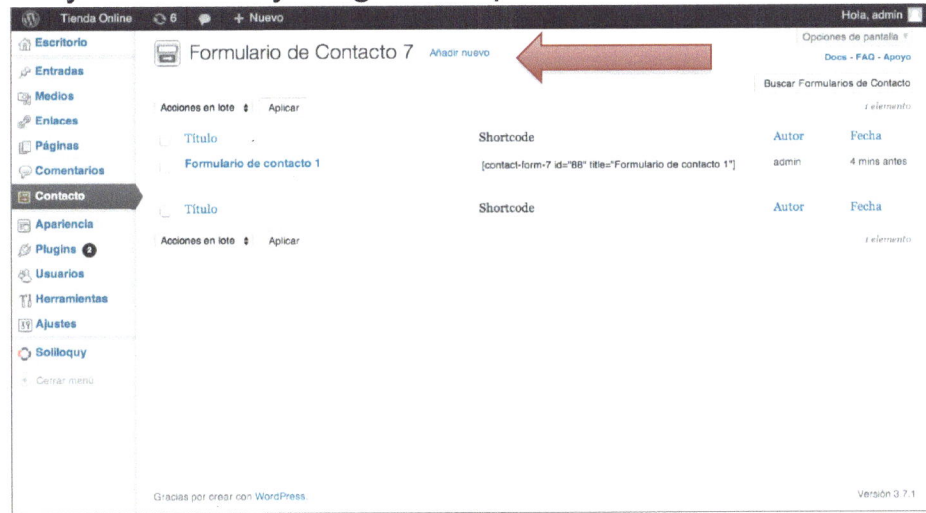

Imagen 52

A partir de esta pantalla podremos diseñar formularios nuevos de contacto mediante la opción **_Añadir Nuevo_**.

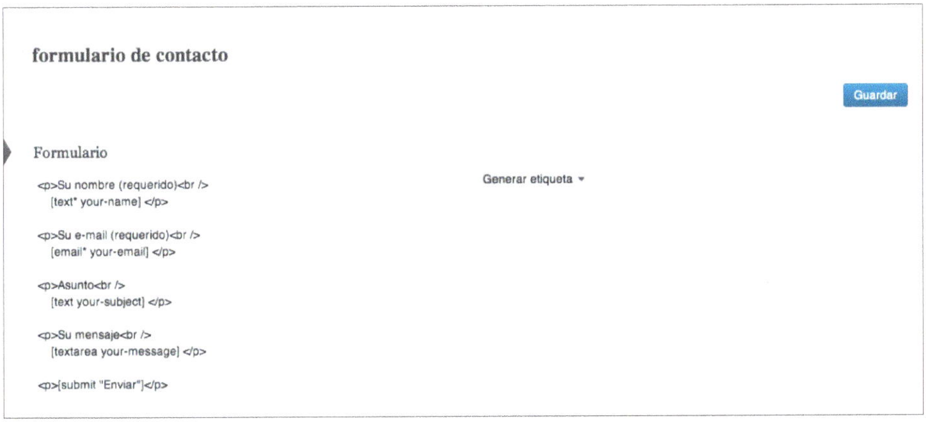

Imagen 53

Proyectos Web y blogs Wordpress

Damos nombre al formulario y vamos procediendo a la configuración, en primer lugar disponemos de una plantilla del formulario. Es decir la configuración de los campos que verá el usuario.

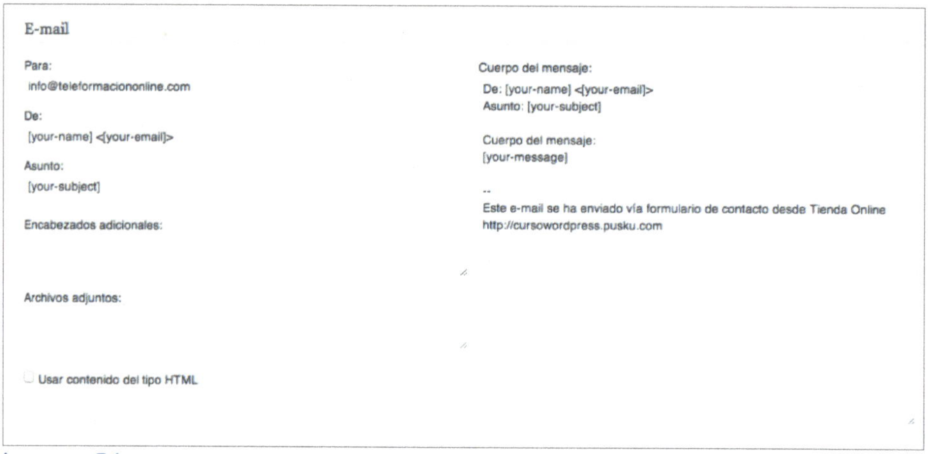

Imagen 54

En la parte inferior disponemos de la plantilla del email que nos llegará a nosotros vía correo electrónico.

Proyectos Web y blogs Wordpress

Agregar un nuevo campo al formulario

Para agregar un nuevo campo al formulario, debemos localizar el tipo de campo a agregar dentro del desplegable *Generar Etiqueta*.

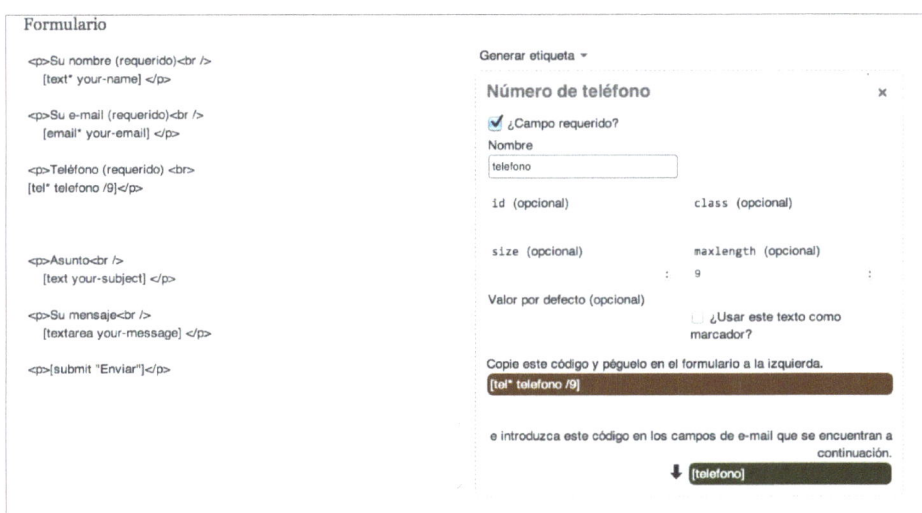

Por ejemplo para agregar un campo donde solicitar el número de teléfono, seleccionamos este tipo de etiqueta (número de teléfono) e indicamos las características de este.

Campo Requerido: Marcamos esta casilla si deseamos hacer este campo de tipo obligatorio, es decir el usuario está obligado a teclear esta información.

Nombre: Es el nombre que llevará el campo, WordPress da uno genérico pero es aconsejable renombrarle a algo más nemotécnico.

ID: Es el nombre de identificador, puede ser útil si deseamos modificar la programación de este plugin (no en todos es posible) así como sus características.

Class: Nombre de la clase CSS3 que podrán modificar aquellos usuarios acostumbrados o con conocimientos en este lenguaje de estilos.

Size: Ancho de la caja de texto del campo.

Maxlength: Número máximo de caracteres que el usuario podrá escribir en el campo.

Posteriormente deberemos agregar a la plantilla del formulario el código proporcionado en el apartado de color marrón.

Agregamos dentro de la plantilla una nueva fila e indicamos en primer lugar el siguiente código:

`<p>Teléfono (requerido)<br>`

Este es un código html, la etiqueta <p> indica que es un nuevo párrafo, escribimos un texto a modo de etiqueta que le indique al usuario lo que debe teclear en el campo, por último con la etiqueta <br> forzamos un salto de línea.

Proyectos Web y blogs Wordpress

A continuación copiamos y pegamos el código suministrado por el plugin:

[tel* teléfono /9]

Para finalizar, cerramos el párrafo con la etiqueta </p>

Proyectos Web y blogs Wordpress

En la parte inferior encontraremos la plantilla del email que recibiremos nosotros. Tenemos que agregar el nuevo campo para poderlo recibir:

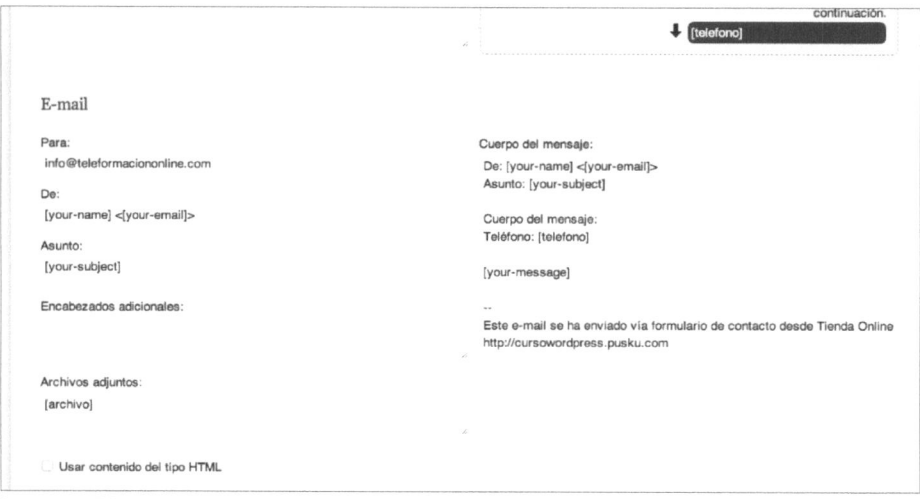

Imagen 55

Dentro del cuerpo del mensaje, añadiremos una pequeña etiqueta para identificar la información que nos llegará "*Teléfono:*" seguida del código que se nos indica en el campo sombreado de color verde: ***[teléfono]***.

Proyectos Web y blogs Wordpress

Agregar al formulario campos de adjuntar archivos

En ocasiones querremos que los usuarios nos adjunten archivos al formulario, para esto deberemos de escoger como tipo de etiqueta *Subida de archivos*.

Imagen 56

Igual que en el caso anterior incorporamos a la plantilla del formulario el campo con una etiqueta y el código que nos suministra el plugin:

*<p>Archivo
*
[file archivo]</p>

En esta ocasión al campo lo hemos renombrado con el nombre de *archivo*.

69

Proyectos Web y blogs Wordpress

Imagen 57

Por último agregaremos al campo **Archivos Adjuntos**, el código que aparece en el campo sombreado de color verde.

Proyectos Web y blogs Wordpress

Incorporar un código CAPTCHA al formulario

Los códigos captcha permiten agregar al formulario imágenes sólo identificadas por el ojo humano para descartar el que quien haya completado nuestro formulario sea un robot.

Al seleccionar esta etiqueta visualizaremos la siguiente pantalla:

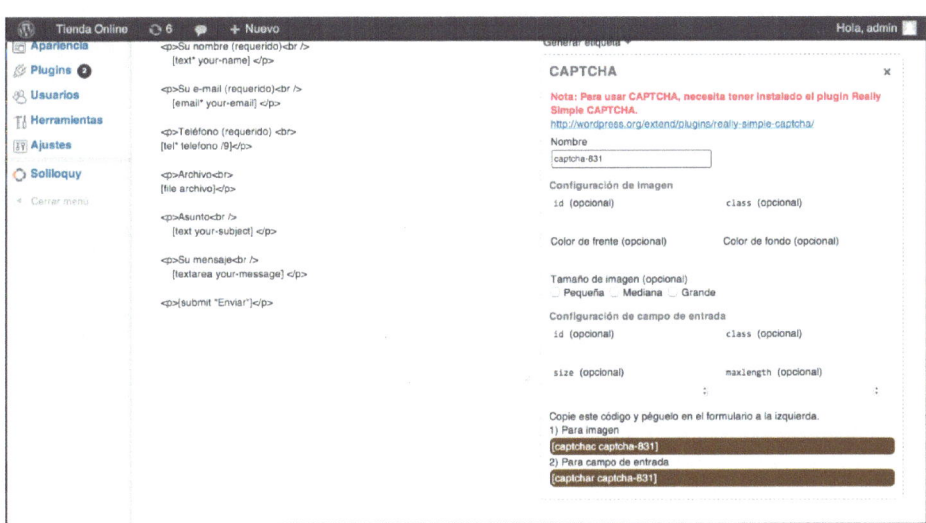

Imagen 58

Hay una nota importante que nos indica que antes de poder utilizar CAPTCHA debemos tener descargado el plugin *really simple CAPTCHA* proporcionándonos el link de la descarga.

Una vez que hemos procedido a instalar y activar el nuevo plugin ya podemos agregar al formulario en CAPTCHA.

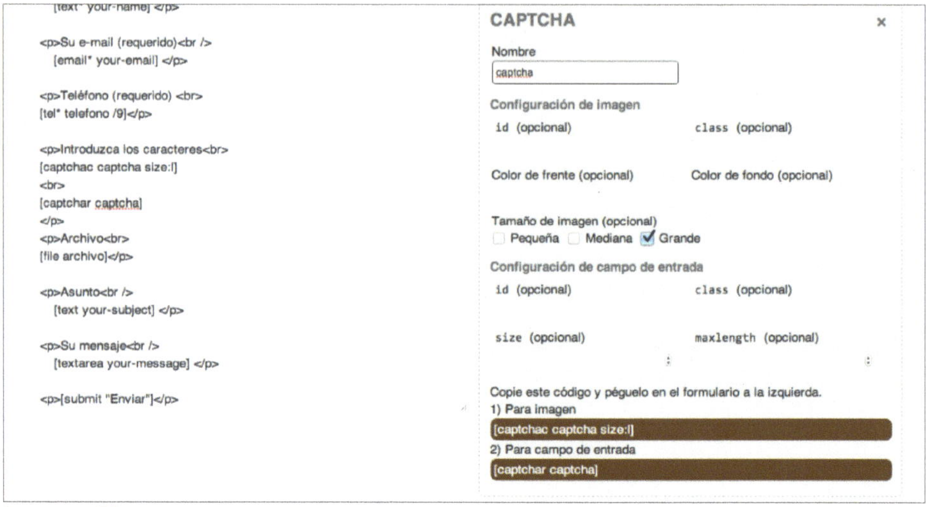

Proyectos Web y blogs Wordpress

Imagen 59

Este proceso exige dos pasos, en primer lugar incorporamos el código que generará la imagen del captcha. Antes de esto podremos elegir el tipo de imagen entre pequeña, mediana o grande.

Copiamos y pegamos el código que nos aparece en el campo de sombreado marrón del paso 1.

Posteriormente debemos incorporar la caja de texto donde el usuario escribirá los caracteres que ve. Para ello copiamos y pegamos dentro de la plantilla del formulario el código del campo 2.

Proyectos Web y blogs Wordpress

Incorporar formulario a páginas

Una vez diseñado el formulario, tan sólo quedará incorporarlo a alguna de nuestras páginas. Para ello deberemos de copiar el código que nos aparece en la parte superior del plugin y pegarlo dentro de una página.

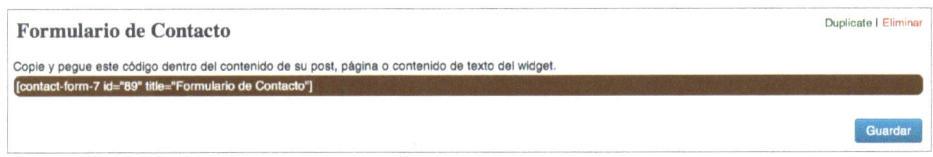

Imagen 60

Código a copiar.

Proyectos Web y blogs Wordpress

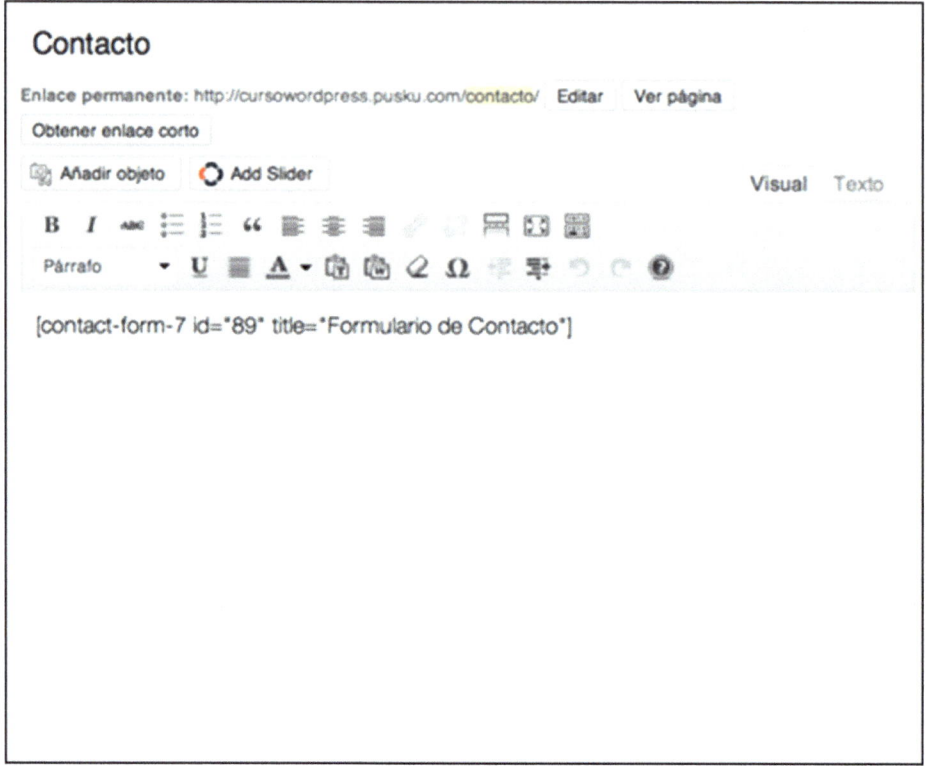

Imagen 61

Pegamos el código en alguna de las páginas donde deseemos incorporarlo.

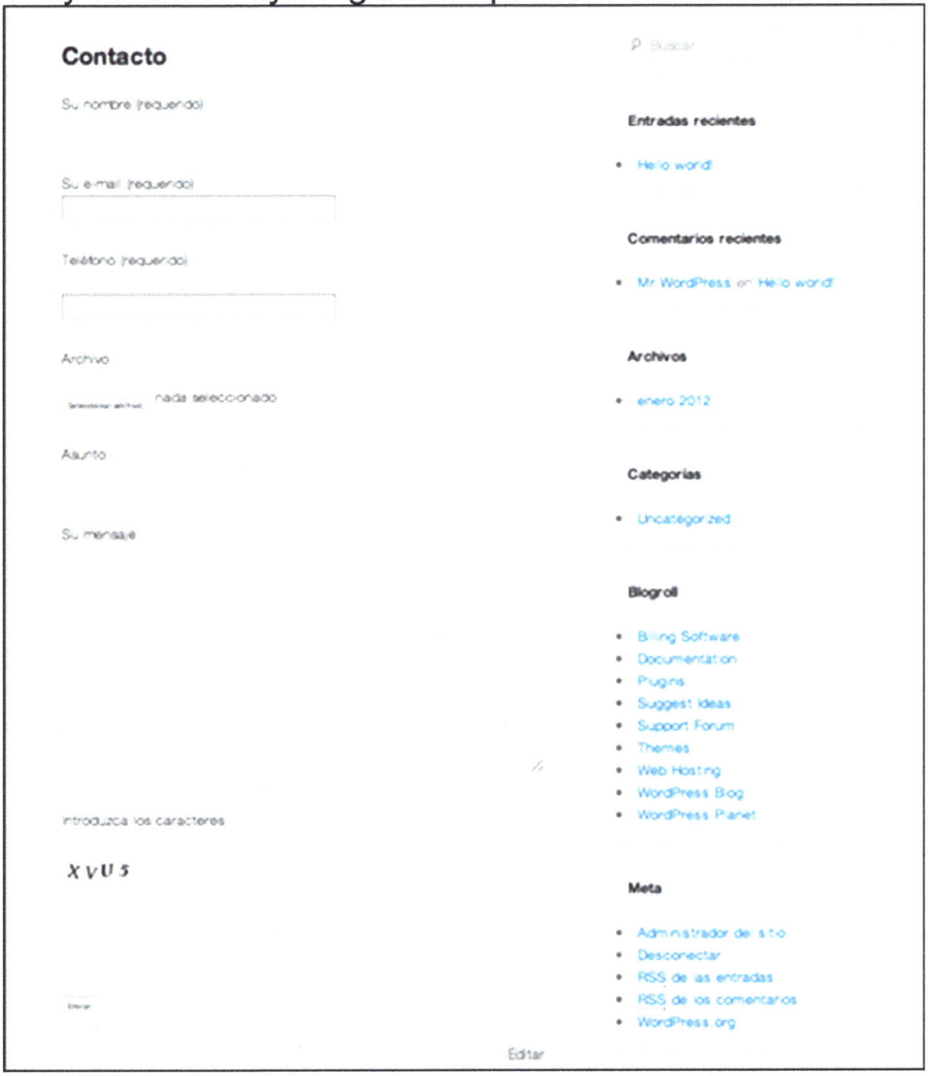

Proyectos Web y blogs Wordpress

Imagen 62

Vista Preliminar de la página.

Puedes ver el vídeo de esta unidad en YouTube
http://youtu.be/2ecLqXzfYsQ

Proyectos Web y blogs Wordpress
MEDIOS – LIBRERÍA MULTIMEDIA

Durante el presente curso, hemos ido subiendo imágenes en distintas opciones de WordPress, pero todas ellas quedan almacenadas en el apartado de *Medios – Librería Multimedia.*

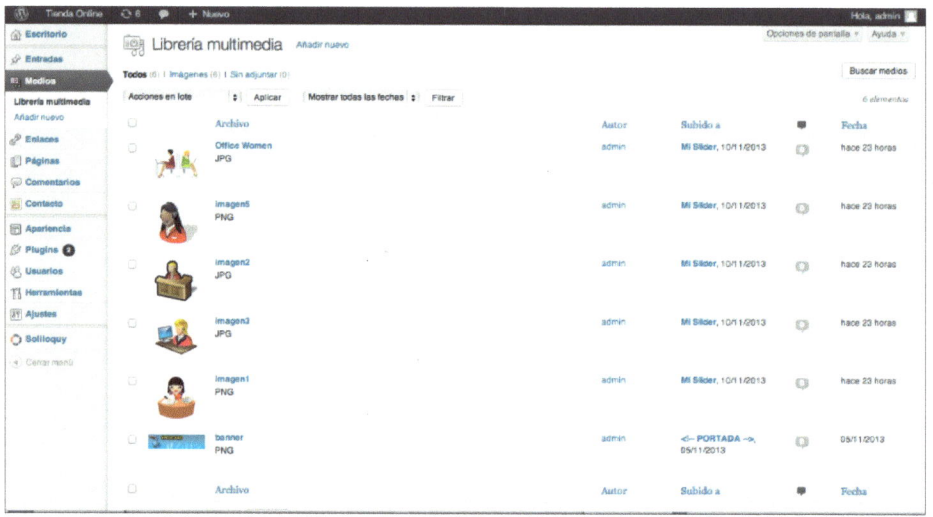

Imagen 63

Proyectos Web y blogs Wordpress
Modificar imágenes

Cualquiera de las imágenes que has subido pueden ser modificadas y tratadas.

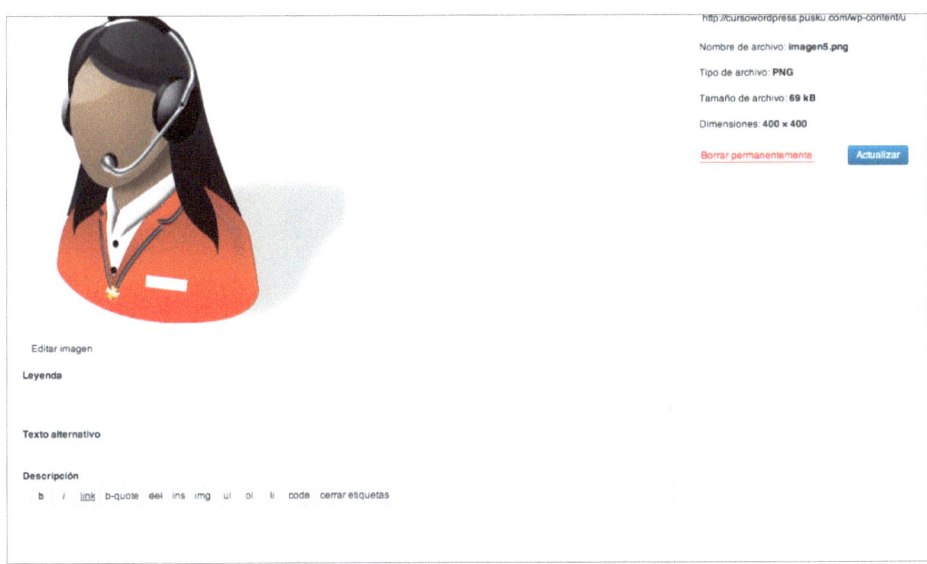

Imagen 64

Si editas una imagen dispones del campo leyenda, texto alternativo y descripción.

Si completamos estos campos ayudamos a optimizar el sitio web y damos más posibilidades de indexación a los motores de búsqueda (google, yahoo, etc.)

Proyectos Web y blogs Wordpress

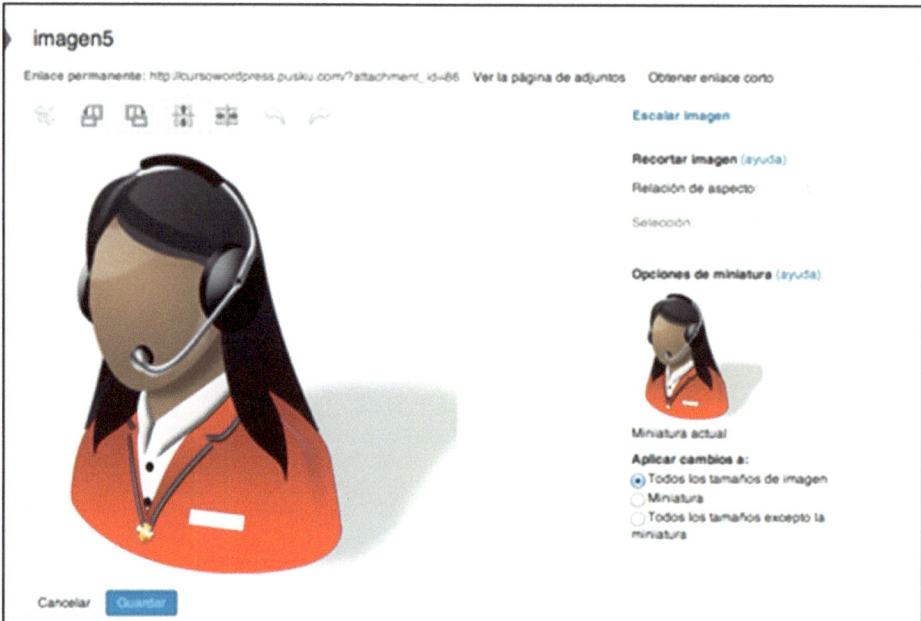
Imagen 65

Si hacemos clic en el botón **Editar imagen**, disponemos de herramientas de tratamiento de la imagen tales como recortar o rotar la imagen.

En la parte de la izquierda disponemos de un campo **Relación de Aspecto**, que nos permite redimensionar la imagen mediante escalas.

Proyectos Web y blogs Wordpress

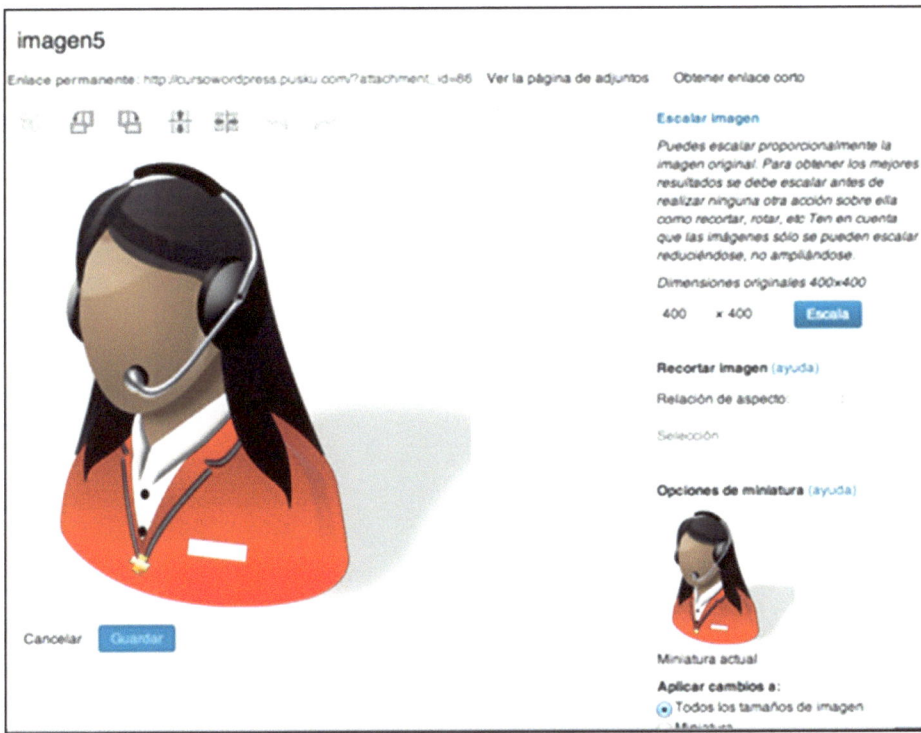

Imagen 66

Escalar y recortar imágenes

Con la opción ***Escalar Imagen*** podremos modificar las dimensiones de la imagen, el sistema conservará las proporciones de la imagen.

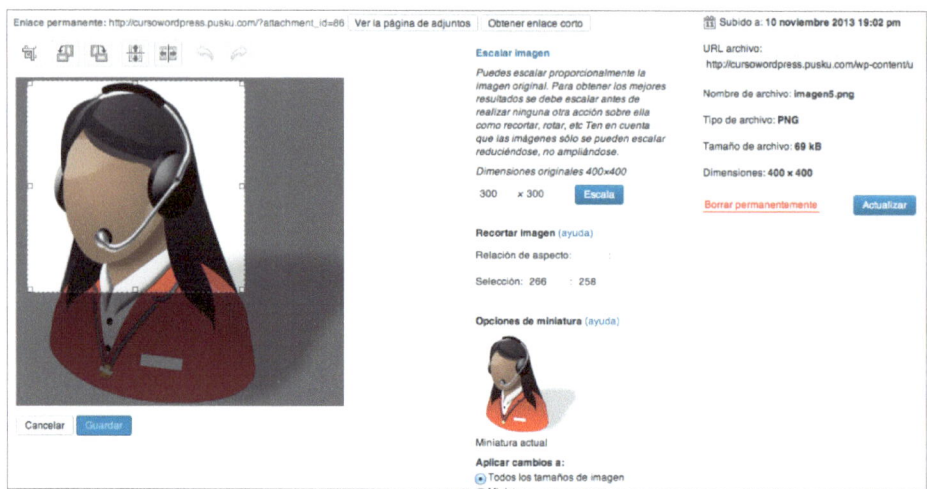

Imagen 67

Para recortar una imagen, simplemente arrastra el puntero del ratón por la parte de la imagen que deseas conservar.

Creación de una galería de imágenes

Aprenderemos ahora cómo podemos crear una galería de imágenes por ejemplo para presentar los artículos de nuestra tienda o negocio o simplemente como muestra de una tira de imágenes.

Vamos a buscar un plugin que nos permita hacer esto, para ello en el buscador de plugins vamos a teclear **Gallery images**.

Proyectos Web y blogs Wordpress

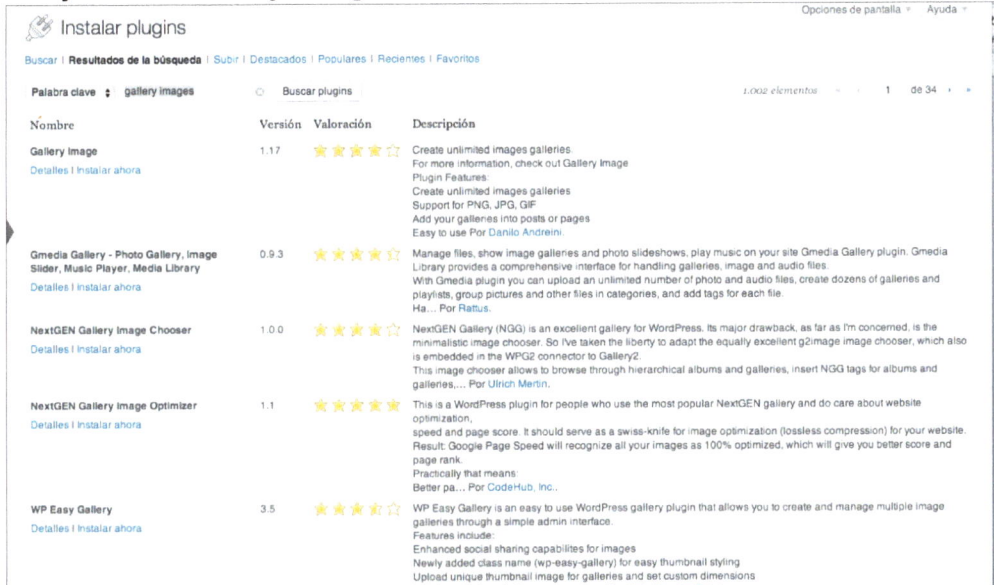

Imagen 68

Una vez instalado el plugin, disponemos de un menú para administrar la galería de imágenes.

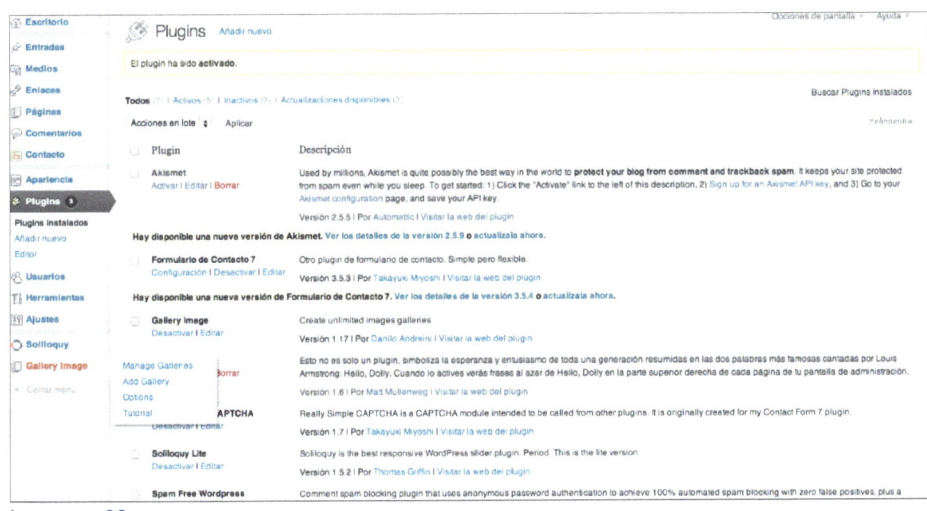

Imagen 69

Imagen 70

81

Proyectos Web y blogs Wordpress

Hacemos clic en la opción Add Gallery del menú del plugin, y damos un nombre a la nueva galería confirmando esta con un clic en el botón **Procced**.

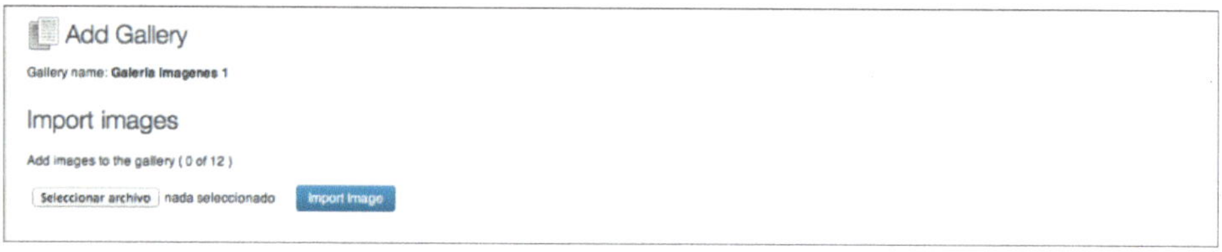

Imagen 71

A continuación el plugin, nos solicita que subamos las imágenes que van a componer nuestra galería.

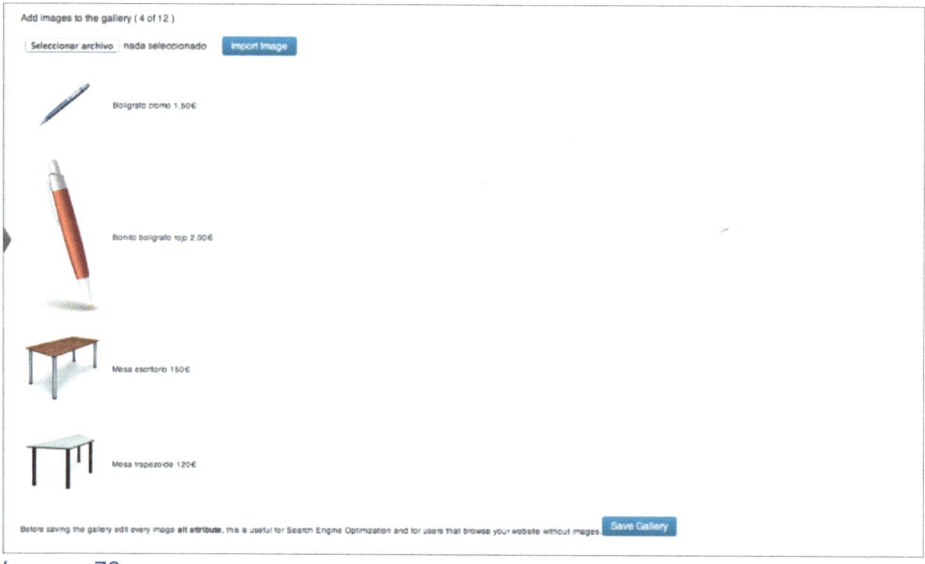

Imagen 72

Una vez subidas las imágenes, es conveniente que editemos un título para que sea optimizado en los buscadores.

Proyectos Web y blogs Wordpress

Una vez que ya tenemos subidas todas las imágenes, debemos añadir nuestra galería a una página.

Para ello vamos a entrar en la opción **Manage Galeries** para coger el código que debemos pegar en nuestra página o entrada.

Imagen 73

Copiamos el código que nos indica la galería que deseamos agregar y lo pegamos dentro de alguna página, por ejemplo en nuestro caso lo vamos a pegar dentro de **Material de Oficina**.

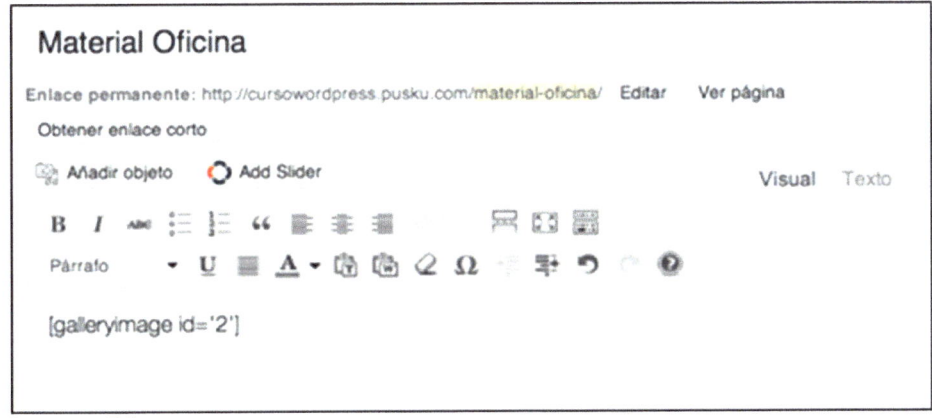

Imagen 74

83

Proyectos Web y blogs Wordpress
El resultado al visualizar la página, sería algo así:

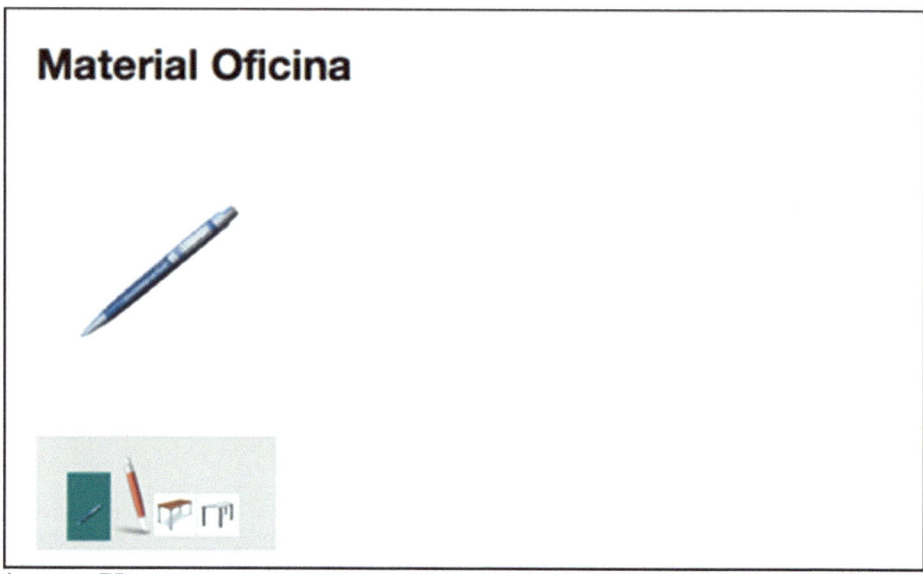

Imagen 75

El tamaño de las imágenes que por defecto están establecidas a 630 pixeles y el espaciado entre ellas se pude modificar dentro de la opción **Options_** del menú **Gallery Images**.

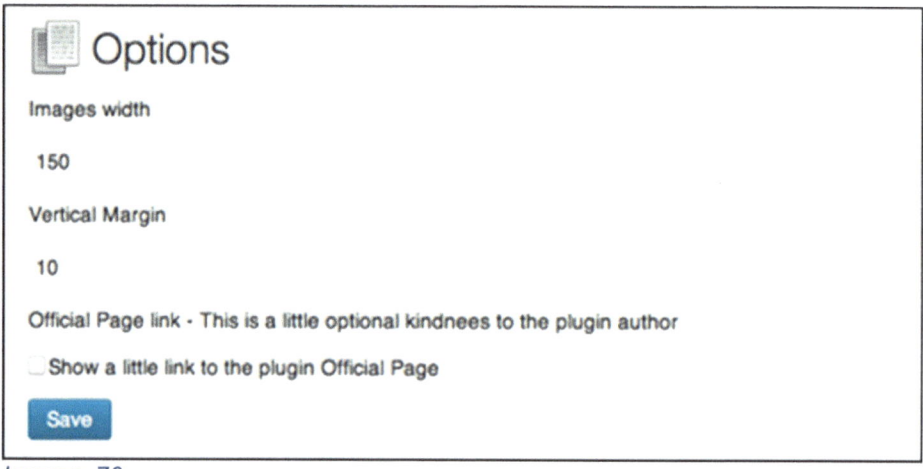

Imagen 76

Proyectos Web y blogs Wordpress

 Puedes ver el vídeo de esta unidad en YouTube
http://youtu.be/VbcsJ7_t_H0

Proyectos Web y blogs Wordpress
ADMINISTRACIÓN DE BLOG

En esta unidad, vamos a centrarnos en cómo administrar un blog mediante WordPress una vez que ya disponemos de los suficientes recursos y conocimientos sobre las distintas utilidades de la plataforma.

Las Entradas

Un blog se compone de entradas donde el administrador o bloguero deja sus comentarios, pensamientos, etc. y donde nuestros seguidores pueden debatir sobre el tema.

Para crear una entrada en WordPress, debemos de acceder a la opción *Entradas* del menú de administración.

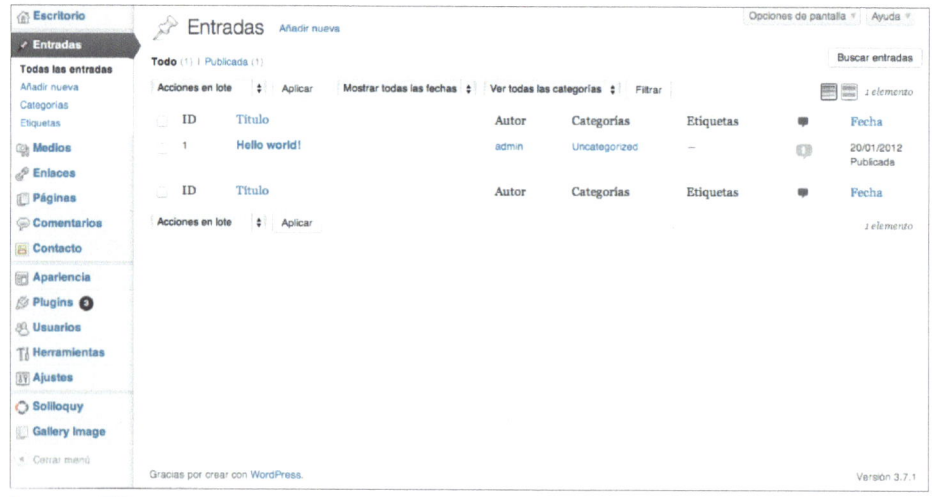

Imagen 77

En esta opción, se nos muestra todas las entradas ya creadas disponiendo de una entrada de ejemplo *Hello World* que podríamos eliminar.

Proyectos Web y blogs Wordpress

Categorías de entradas

Nuestras entradas, pueden estar clasificadas en categorías, para dar de alta una nueva categoría, accedemos a **Entradas – Categorías**.

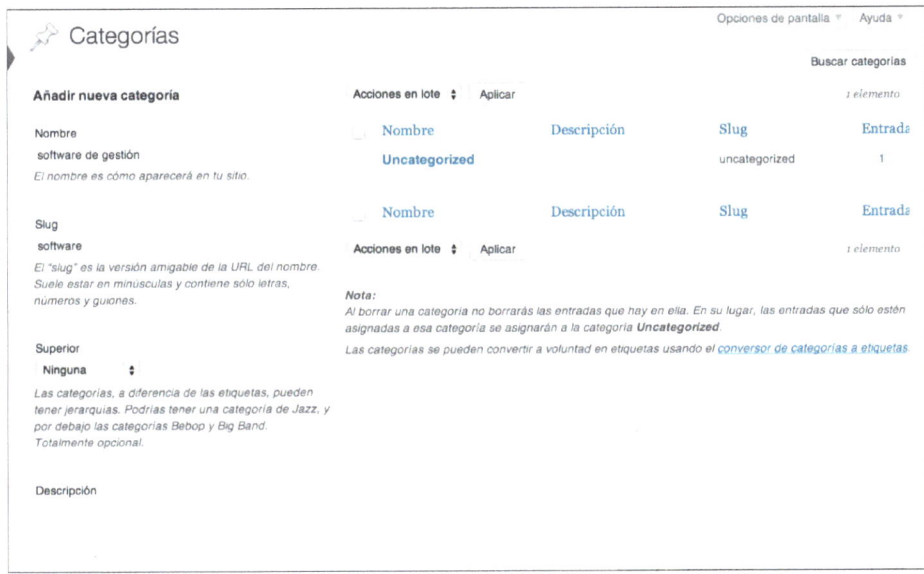

Imagen 78

Damos nombre a la categoría, y opcionalmente tenemos varias opciones:

Proyectos Web y blogs Wordpress

Slug: es el nombre corto para la URL, en caso de no añadirlo WordPress por defecto agrega una URL con combinaciones de caracteres difíciles de indexar por los buscadores.

Superior: Las categorías se pueden jerarquizar.

Descripción: No suelen aparecer en ningún sitio, es una descripción de uso interno.

Para agregar nuestra primera entrada, haremos clic en *Añadir Nueva*.

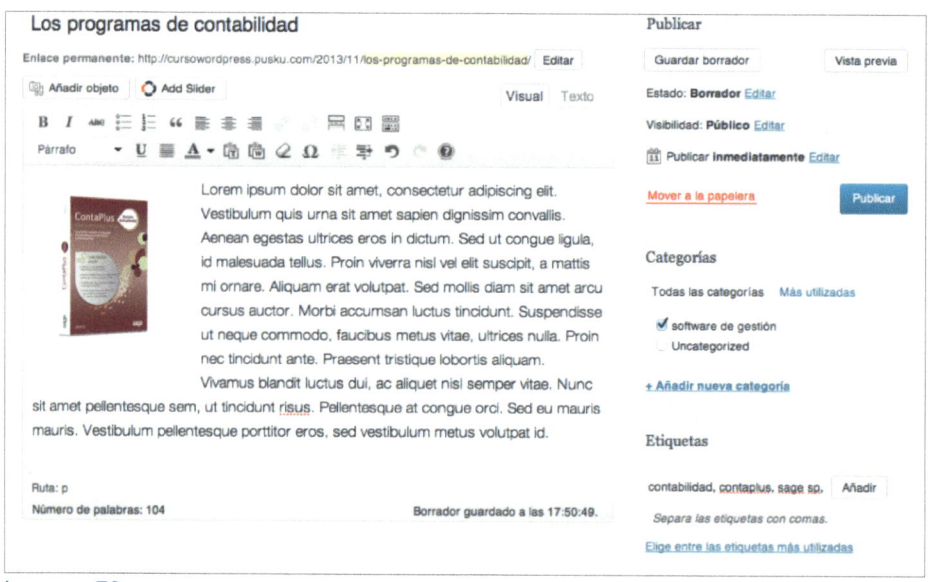

Imagen 79

Una vez diseñada nuestra entrada de la misma forma que diseñamos las páginas, en la parte de la izquierda dispondremos de una opción para clasificarla en una categoría.

Proyectos Web y blogs Wordpress
Las Etiquetas en las entradas

Algo muy importante es añadir las etiquetas o vocablos por los que queremos que sea localizada nuestra entrada.

Estas etiquetas las tendremos que separar por comas y deberán de ser lo más referente posible al contenido de nuestra entrada. Por supuesto varias entradas pueden compartir etiquetas.

Si ya disponemos de etiquetas de otras entradas, disponemos de la opción ***Elegir entre las etiquetas más utilizadas*** para buscar estas en nuestro blog.

Proyectos Web y blogs Wordpress

Imagen 80

Una vez publicada la entrada, ya la podemos visualizar con las etiquetas.

Dependiendo de la plantilla las opciones de las columnas pueden variar y como veremos más adelante son configurables.

Proyectos Web y blogs Wordpress

Opción Etiquetas

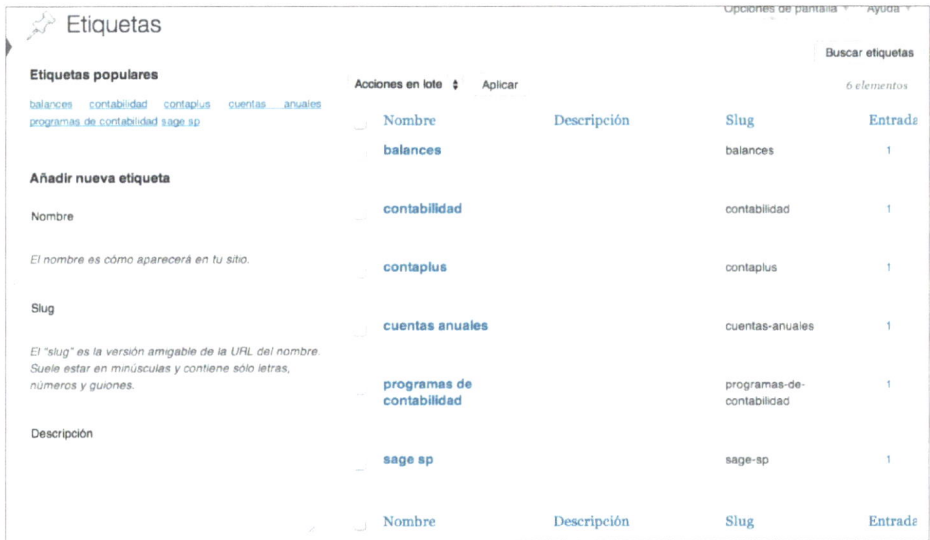

Imagen 81

Desde esta opción, podremos visualizar las etiquetas de nuestro blog y la posibilidad de eliminar, editar o agregar nuevas.

Proyectos Web y blogs Wordpress
Los comentarios

Cuando una de nuestras entradas recibe un comentario, este tendrá que ser validado. Para ello dispondremos de la opción de **Comentarios.**

Imagen 82

Si deseamos aprobar el comentario para que salga publicado, deberemos de hacer clic en la opción **Aprobar**.

Disponemos de la opción **Spam** para no volver a aceptar comentarios de este usuario.

Proyectos Web y blogs Wordpress

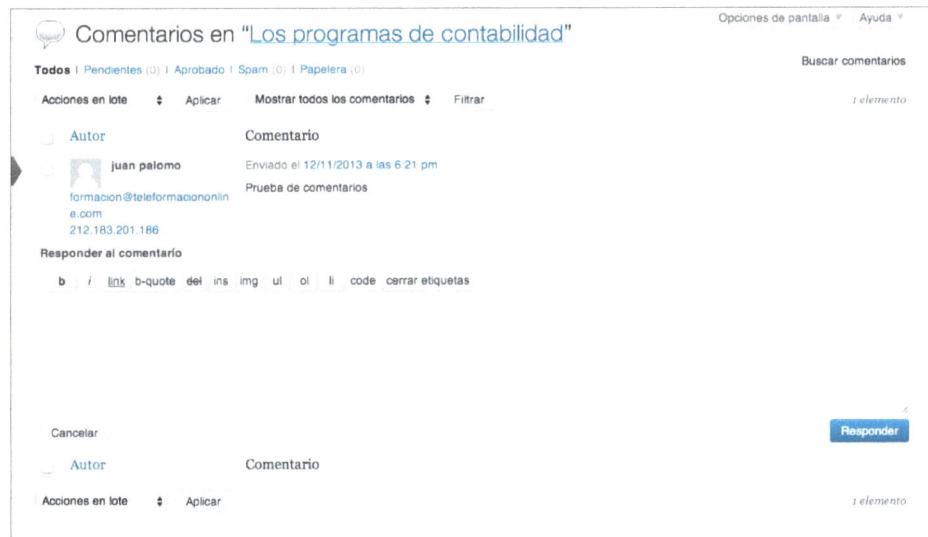

Imagen 83

Dispondremos de la opción **Responder** para seguir el debate con el usuario o usuarios.

Proyectos Web y blogs Wordpress
Los Widgets

Los Widgets son utensilios que varían dependiendo de la plantilla y delos plugins que tengamos instalados.

Podremos agregar estos Widgets en distintas partes del sitio web dependiendo de cómo hemos dicho de la plantilla instalada.

Para configurar estas partes del sitio con los Widgets accederemos a: ***Apariencia – Widgets***

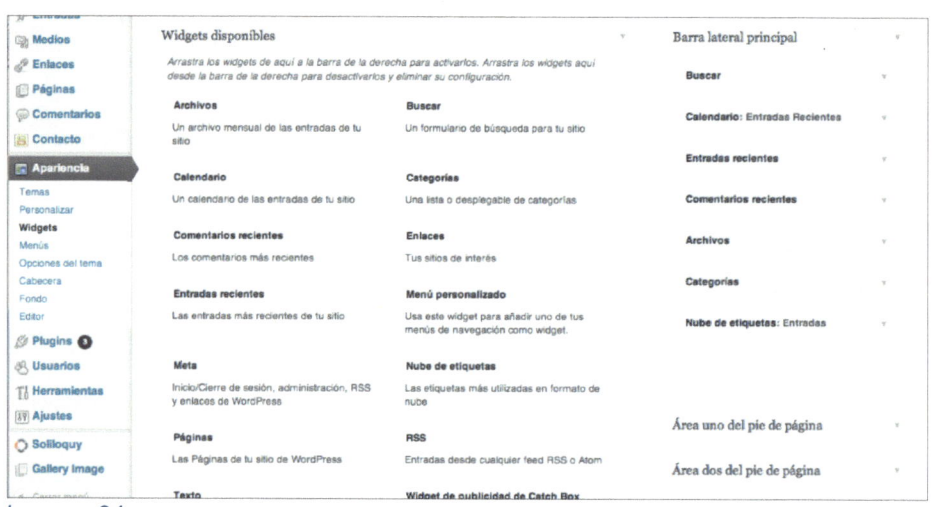

Imagen 84

En la parte central disponemos de todos los Widgets, y en la parte de la izquierda las zonas configurables.

En esta plantilla disponemos de la posibilidad de configurar la barra lateral del sitio web y el pie de página.

Arrastra el Widget que desee a la parte configurable o desactívale a la inversa.

Proyectos Web y blogs Wordpress

Podemos destacar entre los Widgets más comunes, un calendario que señala los días con las entradas más recientes, nubes de etiquetas para facilitar al usuario aquellas etiquetas más usuales en el sitio, buscar, para permitir localizar vocablos o frases en nuestro sitio y un largo etc. que dependerá de la plantilla o plugins instalados.

Proyectos Web y blogs Wordpress
Plugin de redes sociales

Hoy en día es importante que nuestro sitio esté conectado a las distintas redes sociales. Para ello existen distintos plugins configurables que permiten realizar esta tarea.

Imagen 85

Nosotros te aconsejamos que descargues el plugin *Social Media Widget*, es un plugin que se instala junto con los Widgets y los puedes ubicar más fácilmente.

Una vez que lo tengas instalado y activado, arrástralo a la parte de tu sitio web donde lo quieras disponer.

En nuestro ejemplo lo hemos arrastrado a la barra lateral principal encima del widget de búsqueda.

96

Proyectos Web y blogs Wordpress

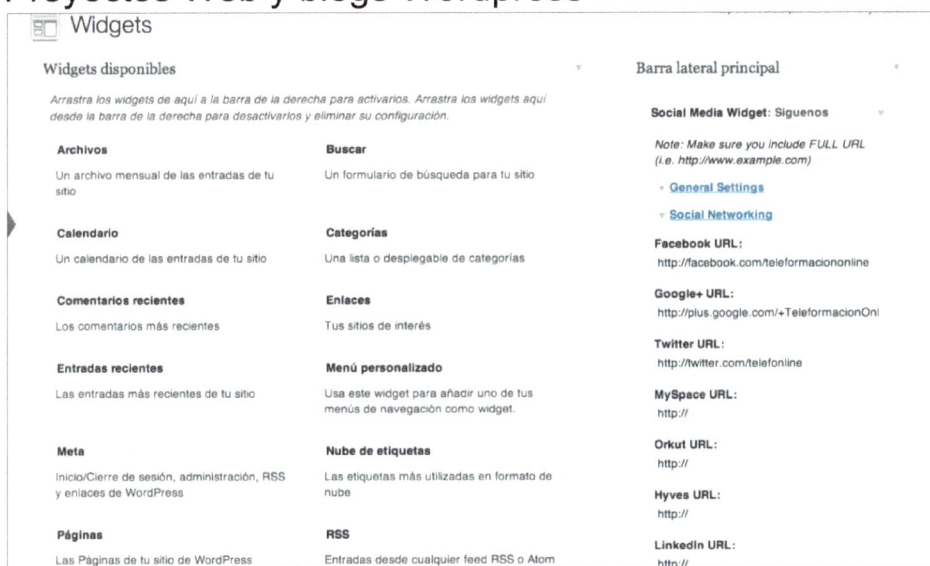

Imagen 86

De lo único que te tienes que preocupar es de indicar las distintas URL de tus páginas de Facebook, Google+, Twiter, Linkedin etc.

Proyectos Web y blogs Wordpress
Agregar vídeos y audio de YouTube

En ocasiones nos puede ser de utilidad agregar vídeos y audio en nuestras páginas o entradas, pero hoy en día es más útil subirlas a YouTube que a nuestro propio hosting ya que estaremos ocupando un espacio que nos podría resultar necesario.

También podríamos mostrar vídeos públicos que allí estén colgados o audio.

Para poder agregar vídeo o audio (técnicamente se denomina embed) necesitaremos instalar en nuestro WordPress un plugin que nos permita realizar esta tarea.

Vamos a proceder a instalar el plugin: **WP YouTube Lyte**.

Imagen 87

Una vez instalado y activado este plugin, debemos proceder a su configuración. Esta tarea la debemos realizar en *Ajustes – WP Youtube Lyte*.

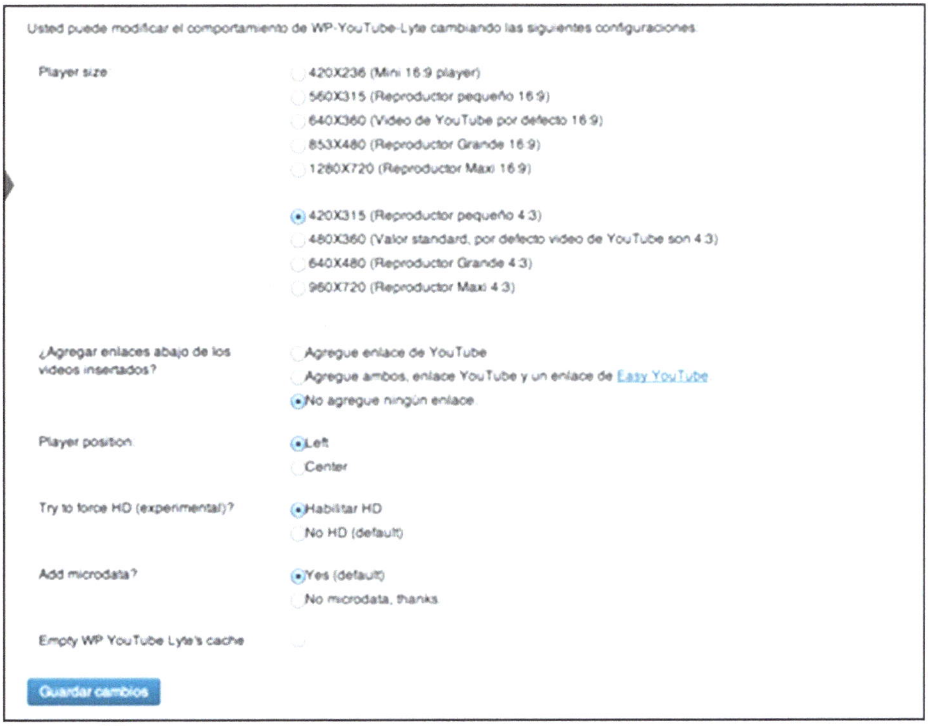

Proyectos Web y blogs Wordpress

Imagen 88

Player Size: Aquí podemos determinar el tamaño del reproductor en nuestra página o entrada. Por defecto es de 420x315 pixeles, reproduciendo a 4:3 de aspecto.

Agregar enlaces: Permite agregar debajo del reproductor de enlaces al vídeo original en YouTube.

Player Position: Se refiere a la posición del reproductor en la página o entrada, por defecto se sitúa a la izquierda, pero existe la posibilidad de centrarlo.

Try to force HD: Permite forzar la reproducción en alta definición (HD).

Proyectos Web y blogs Wordpress

Add microdata: Permite añadir los microdata adjuntos que trae el vídeo, valores de búsqueda cookies, etc.

Empty WP Yotube Lyte's Cache: Vacía la caché del plugin, esto ralentizará las reproducciones repetidas.

Inserción de vídeo/audio en una página o entrada de blog

Una vez que ya hemos configurado el plugin vamos a ver como insertar el vídeo, vamos a tomar como ejemplo una entrada de blog, aunque se haría de la misma forma para una página.

Supongamos que estamos haciendo una entrada sobre la película **Grease**.

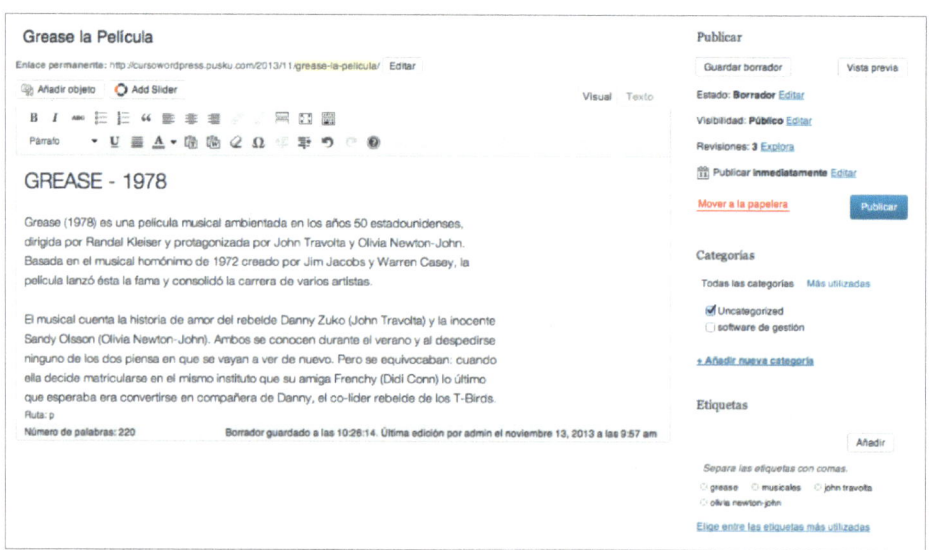

Imagen 89

Y deseamos añadir un vídeo sobre dicha película. Vamos a localizar dicho vídeo previamente en YouTube.

Proyectos Web y blogs Wordpress

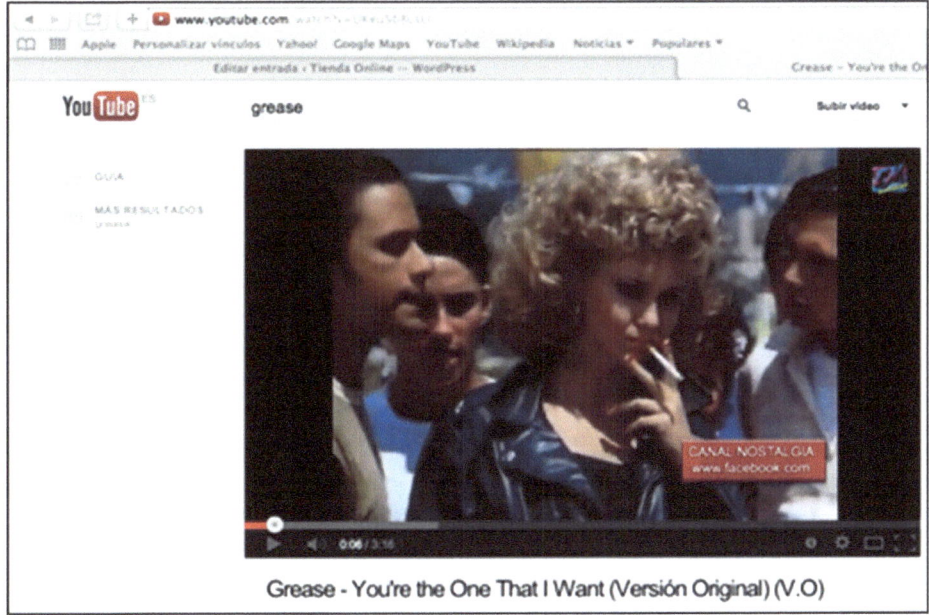

Imagen 90

Una vez localizado, nos fijamos en su URL pues debemos tomar notar de esta.

Imagen 91

Tomamos nota de los caracteres que se encuentran a la derecha del signo igual. Posteriormente nos dirigimos a la entrada o página donde deseamos agregar el vídeo.

Proyectos Web y blogs Wordpress

Agregamos en la posición donde seamos que aparezca el reproductor:

[lyte id="UKeuS68LsLI" /]

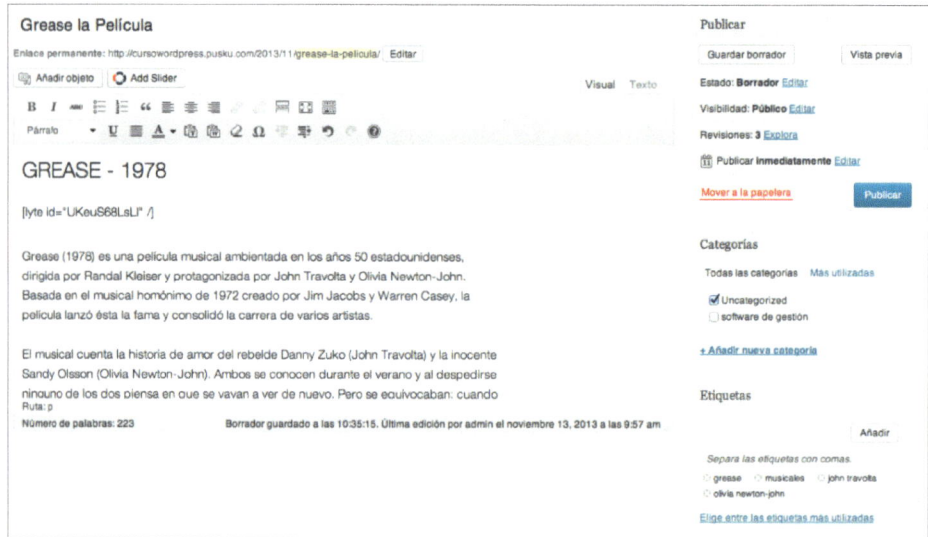

Imagen 92

Y con este mandato ya tenemos listo nuestro vídeo en la entrada.

Proyectos Web y blogs Wordpress

Imagen 93

Puedes ver el vídeo de cómo agregar un vídeo en YouTube
http://youtu.be/mTRMOUfuImQ

Proyectos Web y blogs Wordpress

TABLA DE CONTENIDOS

A

Administrador de Archivos, 16

B

blog, 6, 10, 11, 23, 28, 32, 59, 62, 86, 89, 91

Ch

Change Permissions, 17

C

config.php, 17

D

DNS, 11
dominio, 7, 11

E

enlace permanente, 35
Enlaces, 48
Entradas, 86, 87
etiquetas, 89, 90, 91, 95

F

Facebook, 97
free, 23, 58, 62
Free, 10, 52

G

Gallery, 80, 82, 84
Google+, 97

H

hosting, 7, 13, 15, 16

I

imagen, 28, 36, 37, 38, 39, 42, 50, 51, 72, 77, 78, 79, 80

L

Linkedin, 97

M

Menú, 45, 46
Multimedia, 76

P

página estática, 40
permalink, 35
Permitir Comentarios, 33
Portada, 28, 34, 40, 41
Portada estática, 28
premium, 23
Premium, 23, 52
Publicar, 32

R

redes sociales, 96
responsive, 23

S

SEO, 27
servidor, 6, 12
slider, 52, 54, 57, 58, 59, 61
subdominio, 11

T

Twiter, 97

U

Update, 21
URL, 18, 39, 48, 49, 88, 97

W

Widgets, 94, 95, 96
WordPress, 14, 15, 16, 17, 18, 22, 23, 24, 35, 43, 44, 52, 54, 56, 62, 66, 76, 86, 88
Wordpress.org, 6

104

© TELEFORMACION ONLINE 2013 – Prohibida su reproducción total o parcial
Autor Guillermo Hernández Manzano